松亭 金赫濟 校閱

原本備旨 大學集註 (全)

明文堂

英祖大王御製序

夫三代盛時設庠序學校而敎人此正禮記所云家有塾黨有庠州有序國有學者也故人生八歲皆入小學於大學則天子之元子衆子以至公卿大夫元士之適子與凡民之俊秀者及其成童皆入焉可不重歟大學之書有三綱焉曰明明德曰新民曰止於至善也有八條焉曰格物曰致知曰誠意曰正心曰修身曰齊家曰治國曰平天下也次序井井條理方方其學問之道紫陽朱夫子序文詳備以予蔑學何敢加一辭然是書與中庸相爲表裏次序條理若是瞭然而學者其猶書自書我自我可勝歎哉噫明德在何即在我一心明明德之工在何亦在我一心若能實下工夫正若顏子所云舜何人余何人者也而三代以後師道在下學校不興莫能行灑掃之敎故筋骸已强利欲交中在我之明德不能自明既不能格致又何以誠意既不能正心又何以修身不能格致不能誠正家齊國治其何望

哉予於十九歲始讀大學二十九歲入學也又講此書而自顧其行其亦書自我自心常恧焉六十三視學明倫堂也先讀序文仍令侍講官及儒生次第以講其日即甲子也與朱夫子作序文之日偶然相符日雖相符功效愈邈尤切靦然望七之年因追慕行三講而欲取反約以中庸循環以講因經筵官之請繼講此書自此以後庸學將輪回以講少時講此未見其效暮年重講其何望效尤爲慨然者紫陽序文豈不云乎一有能盡其性者天必命之以爲億兆之君師以予晚學凉德旣無誠正之工亦無修齊之效而白首衰耗三講此書豈不自恧乎然孔聖云温故而知新若能因此而知新於予豈不大有益也哉仍作序文自勉靈臺歲戊寅十月甲寅序

以洪武正韻體命書

英祖大王御製序終

原本備旨大學集註　章句序

大學之書ᄂᆞᆫ古之大學에所以敎人之法也ㅣ라蓋自天降生民으로則旣莫不與之以仁義禮智之性矣언마ᄂᆞᆫ 朱子曰天之生民各與以性性非有物只是一箇道理之在我者耳仁則是箇溫和慈愛底道理義則是箇斷制裁割底道理禮則是箇恭敬撙節底道理智則是箇分別是非底道理凡此四者具於人心乃是性之本體○雲峰胡氏曰朱子四書釋仁曰心之德愛之理義曰心之制事之宜禮曰天理之節文人事之儀則皆兼體用獨智字未有明釋嘗欲竊取朱子之意以補之曰智則心之神明所以妙衆理而宰萬物者也番易沈氏云智者涵天理動靜之機具人事是非之鑑○新安陳氏曰書云惟皇上帝降衷于下民若有恒性六經言性自此始謂天降生民而與之以性亦本書之意而言 然이나其氣質之禀이或不能齊ᄒᆞᆫ지라是以로不能皆有以知其性之所有而全之也ㅣ라 新安陳氏曰性之所有即仁義禮智是也性無智愚賢不肖之殊惟氣有淸濁淸者能知而濁者不能知故不能皆知質有粹駁粹者能全而駁者不能全故不能皆全知性之所有屬知全性之所有屬行知行二者該盡一部大學意已寓於此矣 一有聰明睿智能盡其性者ㅣ出於其間則天必命之ᄒᆞ샤以爲億兆之君師ᄒᆞ샤使之治 平聲下治人同 而敎之ᄒᆞ야以復其性케ᄒᆞ시니 問何處見得天命處朱子曰此也如何知得只是才生得一箇恁地底人定是爲億兆之君師便是天命之也他旣有許多氣魄才德決不但已必統御億兆之衆人亦自是歸他如三代已前聖人都是如此至孔子方不然雖不爲帝王然也閑他不得也做出許多事來以敎天下後世是亦天命也○新安陳氏曰聰明睿智能盡其性者是就淸濁粹駁不齊中指出極淸極粹者言之聰明睿智生知之聖也與知其性相應能盡其性安行之聖也與全之相應常人必先知其性方可望以全其性故於中下一而字聖人合下生知安行不待知而方全故只平說天必命之以爲億兆君師君以治之師以敎之變化其氣質而復還其本性以上四個性字須融貫看透三代以前聖賢之君皆師之責兼盡三代以後君道有略得之者而師道則絶無矣 此ㅣ伏羲神農黃帝堯舜所以繼天立極이오而司徒之職과典樂之官을所由設也ㅣ시니라 書舜典帝曰契汝作司徒敬敷五敎在寬又曰夔命汝典樂敎胄子○朱子曰天只生得許多人物

與爾許多道理然天却自做不得所以必得聖人爲之修道立敎以敎化百姓所謂裁成天地之道輔相天地之宜是
也○古者敎法禮樂射御書數不可闕一就中樂之敎尤親切夔敎胄子只用樂大司徒之職也是用樂蓋是敎人朝
夕從事於此物束得心長在這上面蓋爲樂有節奏學他底急也不得慢也不得久之都換了他情性○雲峰胡氏曰
司徒之職統敎百姓典樂之官專敎胄子○新安陳氏曰上文說其理此實之以其事天生民而賦與之不能敎之聖
君代天立標準以主敎於上而設司徒及典樂之官以
掌敎於下此時敎己立而敎之法未備學之名未聞也

三代之隆의 其法이 寖備然後에 王宮國都로以
及閭巷히 莫不有學ᄒᆞ야 人生八歲어든 則自王公以下로 至於庶人之子弟히 皆入小學
ᄒᆞ야 而敎之以灑上聲又去聲 掃去聲 應對進退之節와 禮樂射御書數之文ᄒᆞ고 朱子曰古者小學已自是聖賢坯樸了但未有

聖賢許多知見及其長也令入大學使之格物致知長許多知見○番易齊氏曰灑掃內則所謂鷄初鳴灑掃室堂及
庭曲禮所謂爲長者糞加帚箕上以袂拘而退以箕自向而扱之之類是也應對內則所謂在父母之所有命之應唯
敬對曲禮所謂爲長者負劒辟咡詔之負置之於背劒挾之於旁口耳之間曰咡辟咡詔之傾頭與語則揜口而對之
類是也進退內則所謂在父母之所進退周旋愼齊曲禮所謂凡與客入者每門讓於客之類是也禮習於度數之節
文所以敎之中也樂明於聲音之高下所以敎之和也射法一弓挾四矢驗其中否以觀德行御法一車乘四馬御者
執轡立於車上欲調習不失驅馳之正也書書字之體可以見心畫數算數之法可以盡物變周禮大司徒所以敎萬
民而賓興之者始以六德繼以六行後及於六藝非八歲以上者所能盡究其事不過使曉其名物而已故上三者言
節有品節存焉下六者言文文者名物之謂也非其事也○勿軒熊氏曰按大戴記保傅篇古者年八歲出就外舍學
小藝焉履小節焉束髮就大學學大藝焉履大節焉註曰小學爲庠門一作虎闈大學在王宮之東束髮謂成童尚書
大傳曰公卿之太子元士之嫡子年十三入小學二十入大學白虎通曰八歲入小學十五入大學此太子之禮也按
年數互有不同而朱子獨以白虎通爲斷

及其十有五年이어든 則自天子之元子衆子로 以至公卿大夫元士之
適音的子로 與凡民之俊秀히 皆入大學ᄒᆞ야 新安陳氏曰凡民惟賢者得入大學不比小學則無貴賤賢愚皆得入也 而敎之以窮理正
心脩己治人之道ᄒᆞ니 此又學校之敎ㅣ 大小之節이 所以分也ㅣ라 新安陳氏曰三代有小學大學之敎法未有書也天

子元子繼世有天下衆子建爲諸侯公卿大夫元士適子將有國家之責皆在所敎民之俊秀他日亦將用之以佐理天下國家者也窮理知之事正心以下行之事 夫(音扶)以學校之設이其廣이如此ᄒᆞ고敎之之術이(術即法也) 其次第節目之詳이又如此ᄒᆞ니而其所以爲敎則又皆本之人君躬行心得之餘ㅣ오不待求之民生日用彝倫之外라 新安陳氏曰上言學校施敎之法此言君身爲立敎之本即所謂爲億兆君師繼天立極者也躬行心得謂躬行仁義禮智之道心得仁義禮智之德即行道而有得於心也彝倫常理也 是以當世之人이無不學ᄒᆞ고其學焉者ㅣ無不有以知其性分(去聲下同)之所固有와職分之所當爲而各俛(音免)焉ᄒᆞ야以盡其力ᄒᆞ니 雲峰胡氏曰前說上之所以爲敎此說下之所以爲學○新安陳氏曰性分固有即仁義禮智是理是體職分當爲如子職分當孝臣職分當忠之類是事是用知性分職分是知之事俛焉盡力是行之事與前知性之所有而全之相照應 此ᄂᆞᆫ古昔盛時에所以治(去聲下同)隆於上ᄒᆞ고俗美於下ᄒᆞ야而非後世之所能及也ㅣ러니及周之衰ᄒᆞ야賢聖之君이不作ᄒᆞ고學校之政이不脩ᄒᆞ야敎化ㅣ陵夷ᄒᆞ고風俗이頹(徒回反)敗ᄒᆞ니時則有若孔子之聖이라도而不得君師之位ᄒᆞ샤以行其政敎ᄒᆞ니於是에獨取先王之法ᄒᆞ샤誦而傳之ᄒᆞ야以詔後世ᄒᆞ시니 新安陳氏曰皐帝生當天地氣運盛時所以達而在上以身爲敎而道行於當世孔子當天地氣運衰時不免窮而在下以言爲敎傳諸其徒而道明於後世而已 若曲禮少(去聲)儀內則弟子職諸篇은固小學之支流餘裔ㅣ오 (餘制反)○番易齊氏曰曲禮少儀內則見禮記弟子職見管子此四篇作於春秋時三代小學之全法僅存其一二故曰支流餘裔支流水之旁出而非正流者餘裔衣裾之末也 而此篇者則因小學之成功ᄒᆞ야以著大學之明法ᄒᆞ니外有以極其規模之大ᄒᆞ며而內有以盡其節目之詳者也ㅣ라 問外有以極其規模之大內有以盡其節目之詳朱子曰這箇須先識得外面一箇規模如此大了而內做工夫以實之凡人爲學便當以明德新民止於至善及明々德於天下爲事不成只要獨善其身便了須是志於天下所謂志伊

尹之所志學顏子之所學也所以大學第二句便說在新民○新安陳氏曰規模之大指三綱領節目之詳指八條目孔子時方有大學一章之經○東陽許氏曰規模節目以三綱八條對言則三綱爲規模八條爲節目謂八條卽三綱中事也獨以八條言之則平天下爲規模上七條爲節目平天下是大學之極功然須是有上七條節節做工夫行至于極然後可以天下平 三千之徒ㅣ蓋莫不聞其說이언마는而曾氏之傳이獨得其宗ᄒᆞ야於是에作爲傳 去聲 義ᄒᆞ샤以發其意ᄒᆞ시고 曾子方有今大學之傳以發明孔子之意 及孟子沒而其傳이泯 音閔 焉則其書ㅣ雖存而知者ㅣ鮮 上聲 矣ㅣ라 自是以來로俗儒記誦詞章之習이其功이倍於小學而無用ᄒᆞ고 朱子曰自聖學不傳爲士者不知學之有本而所以求於書不越乎記誦訓詁文詞之間是以天下之書愈多而理愈昧學者之事愈勤而心愈放詞章愈麗議論高愈而其德業事功之實愈無以逮乎古人○新安陳氏曰記誦口耳之學詞章枝葉之文 異端虛無寂滅之敎ㅣ其高ㅣ過於大學而無實ᄒᆞ고 問異端何以高而無實朱子曰吾儒便著讀書逐一就事物上理會道理異端便都掃了只恁地空空寂寂便道事都了若將些子事付之便都沒奈何○雲峰胡氏曰此之虛虛而有彼之虛虛而無此之寂々而感彼之寂寂而滅所以高而無實○新安陳氏曰老氏虛無佛氏寂滅 其他權謀術數ㅣ一切以就功名之說과與夫 音扶 百家衆技之流ㅣ所以惑世誣民ᄒᆞ고充塞 先則反 下同 仁義者ㅣ又紛然雜出乎其間ᄒᆞ야 朱子曰秦漢以來隨世以就功名者未必自其本而推之是以天理不明而人欲熾道學不傳而異端起人挾其私智以馳騖於一世○新安陳氏曰權謀術數謂管仲商鞅等百家衆技如九流等是也 使其君子로不幸而不得聞大道之要ᄒᆞ고其小人으로不幸而不得蒙至治之澤ᄒᆞ야晦盲 眉庚反 否塞ᄒᆞ고 東陽許氏曰如月之晦如目之盲如氣之否如川之塞晦盲言不明否塞言不行 反覆沈 俗作沈非 痼ᄒᆞ야 音固○東陽許氏曰反覆是展轉愈深而不可去痼意沈如物沒於水中不可浮痼如病著於身而不可愈 以及五季 謂梁唐晉漢周五代季世 之衰而壞亂이極矣ㅣ라 雲峰胡氏曰惑世誣民使斯民昏而不能知充塞仁義使斯道壅而不能行晦盲全無能知者否塞全無能行者所以爲壞亂之極也大道之要是大學書中所載者至治之澤是自大學中流出者上之人無能知此大學故君子不得聞大道之要上之人無能行此大學故小人不得蒙至治之澤 天運이循環ᄒᆞ

샤無徃不復일ᄉᆡ宋德이隆盛ᄒᆞ샤治敎ㅣ休明ᄒᆞ시니於是에 河南程氏兩夫子ㅣ出ᄒᆞ샤(伯子諱顥字伯淳號明道先生 叔子諱頤字正叔號伊川先生)而有以接乎孟氏之傳ᄒᆞ야實始尊信此篇ᄒᆞ샤而表章之ᄒᆞ시며既又爲(去聲)之次其簡編ᄒᆞ며發其歸趣(音娶○新安陳氏曰孟子沒而其傳泯焉至二程夫子出而絶學復傳於是始拔大學篇於戴記之中而尊信之又整頓其錯亂之簡而發揮之)然後에야古者大學敎人之法과(此八字收拾序文起句文)聖經賢傳(去聲)之指ㅣ粲然復(扶又反)明於世ᄒᆞ니雖以熹之不敏으로도亦幸私淑而與(去聲)有聞焉ᄒᆞ니(新安陳氏曰孟子云予未得爲孔子徒也予私淑諸人也此用其語謂聞程子之敎於延平李先生諸公○東陽許氏曰私淑者私善於人孟子不得爲孔子之徒而私善於再傳之子思朱子不得爲程子之徒而私善於三傳之李氏此私淑字最切)顧其爲書ㅣ猶頗放失일ᄉᆡ是以로忘其固陋ᄒᆞ고采而輯(音集)之ᄒᆞ며間亦竊附己意ᄒᆞ야補其闕畧ᄒᆞ야(謂補傳之第五章)以俟後之君子ᄒᆞ노니極知僭踰ㅣ無所逃罪ㅣ나然이나於國家化民成俗之意와學者脩己治人之方엔則未必無小補云이라(修己治人四字包盡大學體用綱目)

淳熙己酉二月甲子에新安朱熹序ᄒᆞ노라(新安陳氏曰此序分六節精義尤在第二節曰知其性之所有而全之曰敎之以復其初是也朱子論學必以復性初爲綱領要歸論語首註學字曰人性皆善曰明善而復其初小學題辭曰仁義禮智人性之綱曰德崇業廣乃復其初此書首釋明明德亦曰遂明之以復其初與此序凡四致意焉聖人盡性盡其本全者也學者復其性復而後能全也欲知性之所有在格物致知欲復全其性之所有在誠意正心修身以力於行而已讀此序此書者其以知性之所有與復其性初爲要領以知行爲工夫而融貫其旨云)

讀大學法

朱子曰語孟隨事問答難見要領惟大學是曾子述孔子說古人爲學之大方而門人又傳述以明其旨前後相因體統都具翫味此書知得古人爲學所向却讀語孟便易(去聲)入後面工夫雖多而大體已立矣○看這一書又自與看語孟不同語孟中只一項事是一箇道理如孟子說仁義處只就仁義上說道理孔子答顏淵以克己復禮只就克己復禮上說道理若大學却只統說論其功用之極至於平天下然天下所以平却先須治國國之所以治却先須齊家家之所以齊却先須修身身之所以修却先須正心心之所以正却先須誠意意之所以誠却先須致知知之所以至却先須格物○大學是爲學綱目先讀大學立定綱領他書皆雜說在裏許通得大學了去看他經方見得此是格物致知事此是誠意正心事此是修身事此是齊家治國平天下事○今且熟讀大學作間架却以他書塡補去○大學是通言學之初終中庸是指本原極致處○問欲專看一書以何爲先曰先讀大學可見古人爲學首末次第不比他書他書非一時所言非一人所記

又曰看大學固是着逐句看去也須先統讀傳文敎熟方好從頭仔細看若專不識傳文大意便看前頭亦難

又曰嘗欲作一說敎人只將大學一日去讀一遍看他如何是大人之學如何是小學如何是明明德如何是新民如何是止於至善日日如是讀月來日去自見所謂溫故而知新

須是知新日日看得新方得却不是道理解新但自家這箇意思長長地新○讀大學初間也只如此讀後來也只如此讀只是初間讀得似不與自家相關後來看熟見許多說話須着如此做不如此做自不得○讀書不可貪多當且以大學爲先逐段熟讀精思須令了了分明方可改讀後段看第二段却思量前段令文意連屬音燭却不妨○問大學稍通方要讀論語曰且未可大學稍通正好着陟略反下同心精讀前日讀時見得前未見得後面見得後未見得前面今識得大綱體統正好熟看讀此書功深則用博昔尹和靖見伊川半年方得大學西銘看今人半年要讀多少書某且要人讀此是如何緣此書却不多而規模周備凡讀書初一項須着十分工夫了第二項只費得八九分工夫第三項便只費得六七分工夫少間讀漸多自通貫他書自著不得多工夫○看大學俟見大指乃及他書但看時須是更將大段分作小段字字句句不可容易放過常時暗誦默思反覆研究未上口時須教上口未通透時須教通透已通透後便要純熟直待不思索時此意常在心胸之間驅遣不去方是此一段了又換一段看令如此數段之後心安理熟覺工夫省力時便漸得力也

又曰大學是一箇腔子而今却要塡教平聲他實如他說格物自家須是去格物後塡教他實著誠意亦然若只讀得空殼子亦無益也○讀大學豈在看他言語正欲驗之於心如何如好好色惡惡臭試驗之吾心果能好善惡惡如此乎閒居爲不善是果有此乎一有不

明至則勇猛奮躍不已必有長(上聲)進今不知如此則書自書我自我何益之有

又曰某一生只看得這文字透見得前賢所未到處溫公作通鑑言平生精力盡在此書某於大學亦然先須通此方可讀他書

又曰伊川舊日敎人先看大學那時未解說而今有註解覺大段分曉了只在仔細看

又曰看大學且逐章理會先將本文念得次將章句來解本文又將或問來參章句須逐一令(平聲下同)記得反覆尋究待他浹洽旣逐段曉得卻統看溫尋過

又曰大學一書有正經有章句有或問看來看去不用或問只看章句便了久之又只看正經便了又久之自有一部大學在我胸中而正經亦不用矣然不用某許多工夫亦看某底不出不用聖賢許多工夫亦看聖賢底不出

又曰大學解本文未詳者於或問中詳之且從頭逐句理會到不通處卻看或問乃註脚之註脚○某解書不合太多又先準備學者爲(去聲)他設疑說了所以致得學者看得容易(去聲)了○人只說某說大學等不略說使人自致思此事大不然人之爲學只爭箇肯與不肯耳他若不肯向這裏略亦不解致思他若肯向此一邊自然有味愈詳愈有味

原本備旨 **大學集註章句大全** 大舊音泰今讀如字

子程子曰 新安陳氏曰程子上加子字倣公羊傳註子沈子之例乃後學宗師先儒之稱 大學은孔氏之遺書而初學入德之門也ㅣ라

於今可見古人爲學次第者ᄂᆞᆫ獨賴此篇之存而論孟이次之ᄒᆞ니學者ㅣ必由是而學

焉이면則庶乎其不差矣리라

龜山楊氏曰大學一篇聖學之門戸其取道至徑故二程多令初學者讀之○朱子曰大學首尾貫通都無所疑然後可及語孟又無所疑然後可及中庸○某要人先讀大學以定其規模次讀論語以立其根本次讀孟子以觀其發越次讀中庸以求古人之微妙○陳氏曰爲學次序自有其要先須大學以爲入德之門以其中說明々德新民具其條理實群經之綱領也次則論語以爲操存涵養之實又其次則孟子以爲體驗充廣之端三者旣通然後會其極於中庸又曰大學規模廣大而本末不遺節目詳明而終始不紊學者所當最先講明者○新定邵氏曰他書言平天下本於治國治國本於齊家齊家本於修身者有矣言修身本於正心者亦有矣若夫推正心之本於誠意誠意之本於致知致知之在於格物則他書未之言六籍之中惟此篇而已 具其之其字唐本作有字

大學之道ᄂᆞᆫ **在明明德**ᄒᆞ며 **在親民**ᄒᆞ며 **在止於至善**이니라

大學의道ᄂᆞᆫ밝은德을밝킴에잇스며民을새롭게ᄒᆞᆷ에잇스며지극ᄒᆞᆫ善ᄒᆞᆷ에止ᄒᆞᆷ에잇ᄂᆞ니라

程子曰親、當作新、○大學者、大人之學也、明、明之也、明德者、人之所得乎天、而虛靈不昧、以具衆理、而應萬事者也、朱子曰天之賦於人物者謂之命人與物受之者謂之性主於一身者謂之心有得於天而光明正大者謂之明德○問明德是心是性

曰心與性 自有分別靈底是心實底是性性便是那理心 便是盛貯該載敷施發用底心屬火緣他是箇光明發動底物所以 具得許多道理如向父母則有那孝出來向君 則有那忠出來這便是性如知道事親要孝事君要忠這便是心張子曰心統性情此說最精密○虛靈不昧便是心此理具足於中無少欠闕便是性隨感而動便是情○虛靈自是心之本體非我所能虛也耳目之視聽所以視聽者 即其心也豈有形象然有耳目以視聽之則猶有形象也若心之虛靈何嘗有物 ○只虛靈不昧四字說明德意已足矣更說具衆理應萬事包體用在其中又却實而不爲虛其言的確渾圓無可破綻處 ○北溪陳氏曰人生得天地之理又得天地之氣理與氣合所以虛靈○黃氏曰虛靈不昧明也具衆理應萬事德也具衆理者德之全體未發者也應萬事者德之大用已發者也所以應萬事者即其具衆理者之所爲也未發則炯然不昧已發則品節不差所謂明德也 ○玉溪盧氏曰明 德只是本心虛者心之寂靈者心之感心猶鑑也虛猶鑑之空明猶鑑之照不昧申言中明也虛則明存於中靈則明應於外惟虛故具衆理惟靈故應萬事○東陽許氏曰大學之道是言大學中敎人修爲之方如君子深造之以道之道

但、爲氣禀所拘、人欲所蔽、則有時而昏、然、其本體之明則有未嘗息者、故學者、當因其所發而遂明之、以復其初也

朱子曰明德未嘗息時時發見於日用之間如見孺子入井而怵惕見非義而羞惡見賢人而恭敬見善事而歎慕皆明德之發見也雖至惡之人亦時有善念之發但因其所發之端接續光明之○明德謂本有此明德也孩提之童無不知愛其親及其長也無不知敬其兄其良知良能本自有之只爲私欲所蔽故暗而不明所謂明 々德者求所以明之也譬如鏡焉 本是箇明底物緣爲塵昏故不能照須是磨去塵垢然後鏡復明也○明德 是一箇光明底物事如一 把火將去照物則無不燭便是明德若漸隱微便暗了吹得這火著便是明其明德○新安吳氏曰 氣禀拘之有生之初 物欲蔽之有生之後不昧者所以昏也然雖有昏昧之時而無息滅之理○雙峰饒氏曰明之々功有二一是因其發而充廣之使之全體皆明一是因己明而繼續之使無時不明○雲峰胡氏曰章句 釋明德以心言而包性 情在其中虛靈不昧是心具衆理是性應萬事是情有時而昏又是說心本體之明又是說 性所發又說情當因其所發 而遂明之即孟子言四端而謂知皆擴而充之也○新安陳氏曰常人於明德之發見隨發而隨泯學者於明德之發見處當體認而充廣之所謂遂明之也氣禀拘物欲蔽則明者昏而初者失致其明之々功以變化其氣質則昏者明而初者復○東陽許氏曰 氣禀所拘就有生之初言之人欲所蔽就有知之後言之

新者、革其舊之

謂也、言、既自明其明德、又當推以及人、使之亦有以去上聲其舊染之汚音烏又去聲也、朱子曰此理人所均有非我所得私既自明其德須當推以及人見人爲氣與欲所昏豈不惻然欲有以新之○問明德新民在我有以新之至民之明其明德却又在他曰雖說是明己德新民德然其意自可參見明明德於天下自新以新其民之知○北溪陳氏曰新與舊對明者昏則舊矣感發開導去其舊汚則昏者復明又成一箇新底是新之也○玉溪盧氏曰新民是要人人皆明明德民無不信則民之明德無不明而我之明德明於天下矣○新安陳氏曰書云舊染汚俗咸與惟新章句本此以釋新民 止者、必至於是、而不遷之意、至善則事理當然之極也、朱子曰說一箇止字又說一箇至字直是要到那極至處而後止故曰君子無所不用其極也○未至其地則必求其至既至其地則不當遷動而之他也未至此便在不可謂止至此不能守亦不可謂止○至善如言極好道理十分盡頭善在那裏自家須去止他止則善與我一未能止善自善我自我○雲峯胡氏曰必至於是知至至之也不遷知終終之也 言、明明德新民、皆當止於至善之地、而不遷蓋必其有以盡夫音扶天理之極、而無一毫人欲之私也、朱子曰明德新民非人力私意所爲本有箇當然自有當然之則不及固不是若過其則必有刲股之事須是到當然之則處而不遷方是止於至善 止至善包明德新民己也要止於至善民也要止於至善在他雖未能在我所以望他則不可不如是也○問明明德是自己事可以做得到極好處若新民則在人何如得他到極好處曰且教自家先明得盡然後漸民以仁摩民以義如孟子所謂勞之來之匡之直之輔之翼之又從而振德之如此變化他自解到極好處○問至善不是明德外別有所謂善只就明德中到極處便是否曰是明德中也有至善新民中也有至善皆要到那極處 至善只是以其極言不特是理會到極處亦要做到極處如爲人君止於仁固是一箇仁然亦多般須是隨處看如這一事合當如此是仁那一事又合當如是彼亦仁若不理會於管執一便成一邊去安得爲之至善至善只是恰好處○雙峯饒氏曰明德以理之得於心者言至善以理之見只事者言以明明德對新民則明明德爲主以明明德新民對止至善則止至善爲重○新安吳氏曰止至善爲明明德新民之標的極盡天理絕無人欲爲止至善之律令然既言事理當然之極又言天理之極者蓋自散在事物者而言則曰事理是理之萬殊處一物各具一太極也自人心得於天者而言則曰天理是理之一本處萬事體統一太極也然一實萬分故曰事理衆理會萬爲一則曰天理此一理而已〇新安陳氏曰天理人欲相爲消長纔有一毫人欲之私使不能盡夫天理之極不得云止於至善矣

三者、大學之綱領也、新安陳氏曰綱以大綱言如綱之有綱綱舉則目張領以要領言如裘之有領領挈而裘順 〇朱子曰明明德新民止至善 此八字己括盡一篇之意 〇玉溪盧氏曰明明德是下文格物致知誠意正心修身之綱領新民是下文齊家治國平天下之綱領止至善總明明德新民而言又八字逐條之綱領要而言之則明明德又爲三者之綱領乃大學一書之大綱領也 〇番易沈氏曰大學之體在明明德其用在新民其則用之準則在止至善要其用力之方在知與行而已 格物致知知之事也誠意正心修身行之事也 行以知爲先知以行爲重知之精則行愈遠行之則知愈進物格而知以至意誠心正而身以修則吾德之本明者極其明而吾身之所止者極其善矣 由身而家而國而天下善敎行焉善政施焉莫不革其舊染而復其性初天下之明德非一人之明德乎一人之至善非天下之至善乎

[illegible]曰 曾子述聖經以垂訓曰天下有統古今上下而精其業合人己內外而究其功者大學也然其敎人之道果安在哉一在明己之明德 蓋德者人所其於天之理原自虛明但氣稟拘於生初物欲蔽於生後則有時而昏然 其本體之明有未嘗息者故學者當因其發而充廣之使全體皆明因己明而繼續之使無時不明以復其初焉此大人有體之學也一在新民 蓋德者人所同得而非我之私得也又當推以新民使彼有是德而不能自明者亦皆有以新之而去其舊染之汚焉此 大人有用之學也一在止於至善蓋吾之所以明而新之者非可私意苟且而爲之也 其所以得於天而見於日用之間者莫不各有當然之則所謂至善也又必當使己德無不明民德無不新恰好至當不復遷動而之他以止於至善焉此大人體用會極之學也大學之道如此

知止而后에有定이니定而后에能靜ᄒᆞ며靜而后에能安ᄒᆞ며安而后에能慮ᄒᆞ며慮而后에能得이니라

止ᄒᆞᆯ대 ᄅᆞᆯ안后에定ᄒᆞᆷ이잇ᄂᆞ니定ᄒᆞᆫ后에能히靜ᄒᆞ며 靜ᄒᆞᆫ后에能히安ᄒᆞ며安ᄒᆞᆫ后

에能히慮ᄒᆞ며慮ᄒᆞᆫ后에能히得ᄒᆞᄂᆞ니라

止者、所當止之地、即至善之所在也此止字即接上文在止於至善之止字說下來知之、則志有定向、靜、謂心不妄動、安、謂所處上聲下同而安、慮、謂處事精詳、得、謂得其所止、朱子曰知止是識得去處路識得心中便定更不他求如行事知得從這一路去心中自是定如求之此又求之彼即是未定定靜安慮得五字是功效次第不是工夫節目纔知止自然相因而見○定靜安相去不遠但有淺深耳與中庸動變化相類皆不甚相遠定以理言故曰有靜以心言故曰能靜是就心上說安是就身上說○既見得事物有定理而此心恁地寧靜了看處在那裏在這裏也安在那裏也安々而後能慮々是思之精審今人心中搖漾不定疊還能處得事否人處事於叢急冗遽之際而不錯亂非安不能也知止是知事物所當止之理到臨事又須研幾審處方能得所止○知止只是知有這箇道理也須是得其所止方是若要得其所止直是能慮方是能慮却是要緊知止如知爲子而必孝知爲臣而必忠能得是身親爲忠孝之事若徒知這箇道理至於事親之際爲私欲所汨不能盡其孝事君之際爲利祿所汨不能盡其忠這便不是能得矣能慮是見得此事合當如此便如此做○知止如射者之於的得止是已中其的○定靜安三字雖分節次其實知止後皆容易進安而后能慮々而后能得此最是難進處多是至安處住了安而后能慮非顏子不能之去得字地位雖甚近然只是難進挽弓到臨滿時分外難開○勉齋黃氏曰大學之道在於明德新民明德新民之功在於至善至善之理又在於必至而不遷故此一節但以止爲言曰知曰得止之兩端定者知所止之驗慮者得所止之始曰靜曰安則原於知而終於得有必至不遷之意矣○雙峰饒氏曰譬之秤知止是識得秤上星兩慮是將來秤物時又仔細看能得是方秤得輕重的當定靜安在事未至之前慮是事方至之際四者乃知止所以至能得之脉絡○雲峰胡氏曰定而能靜則事未來而此心之寂然不動者不失安而能慮則事方來而此心之感而遂通者不差○新安陳氏曰明德新民所以得止於至善之由其緊要處先在知止上蓋於事々物々皆知其所當止之理即格物而知止也下文致知々至之知字已張本於此矣【備旨】然明德新民何由得至善而止之惟先知所止則識無所蔽者理自無所昧而后吾之志有定矣志既有定則內念不興外物不搖無以動其心而后能靜矣心既靜則憧擾不形隨身所處無所擇於地而后能安矣能安則日用之間從容閒暇事至物來有以揆之而后能慮矣能慮則隨事觀

理極深研幾皆合乎當然之則而后明德新民之至善所在皆得而止之矣

物有本末하고**事有終始**하니**知所先後**ㅣ면**則近道矣**리라

物이本과末이잇고일이終과始ㅣ잇스니몬저ᄒᆞ며후에ᄒᆞᆯ바를알면곳道에갓가오니라

明德、爲本、新民、爲末、知止、爲始、能得、爲終、本始、所先、末終、所後、此、結上文兩節之意、

問事物何分別朱子曰對言則事是事物是物獨言物則兼事在其中知止能得如耕而種而耘而歛是事有個首尾如此明德是理會己之一物新民是理會天下之萬物以己之一物對天下之萬物便有個內外本末知所先後自然近道不知先後便倒了如何能近道○三山陳氏曰新民者自明德而推也己德不明未有能新民者此明々德所以爲新民之本能得者原於知止而後致也苟始焉不知止於至善亦未見其卒於有得矣此知止所以爲能得之始○玉溪盧氏曰物有本末結第一節事有終始結第二節知所先後則近道矣兩句再總結兩節一個先字起下文六個先字一個後字起下文七個後字不特結上兩節亦所以起下文兩節之意○仁山金氏曰不曰此是大學之道而曰近道蓋道者當行之路知所先後方是見得在面前而未行於道上所以只曰近[illegible]合而觀之明德新民皆性中物也然明德爲本新民爲末非物有本末乎知止能得皆分內事也然知止爲始能得爲終非事有終始乎識知本始所當先而先之末終所當後而後之則進爲有序德可明而民可新善可知而止可得庶近乎大學之道矣

古之欲明明德於天下者는**先治其國**하고**欲治其國者**는**先齊其家**하고**欲齊其家者**는**先修其身**하고**欲修其身者**는**先正其心**하고

欲正其心者ᄂᆞᆫ **先誠其意**ᄒᆞ고 **欲誠其意者**ᄂᆞᆫ **先致其知**ᄒᆞ니 **致知**ᄂᆞᆫ **在格物**ᄒᆞ니라 治平聲 後倣此

녜밝은德을天下에밝키고져ᄒᆞᄂᆞᆫ者ᄂᆞᆫ몬져그나라를다사리고그나라를다사리고져ᄒᆞᄂᆞᆫ者ᄂᆞᆫ몬져그집을가ᄌᆞ기ᄒᆞ고그집을가ᄌᆞ기ᄒᆞ고져ᄒᆞᄂᆞᆫ者ᄂᆞᆫ몬져그몸을닥고그몸을닥고져ᄒᆞᄂᆞᆫ者ᄂᆞᆫ몬져그ᄆᆞᄋᆞᆷ을正ᄒᆞ고그ᄆᆞᄋᆞᆷ을正ᄒᆞ고져ᄒᆞᄂᆞᆫ者ᄂᆞᆫ몬져그意를誠ᄒᆞ고그意를誠ᄒᆞ고져ᄒᆞᄂᆞᆫ者ᄂᆞᆫ몬져그知를致ᄒᆞ니知를致ᄒᆞᆷ은物을格ᄒᆞᆷ에잇ᄂᆞ니라

明、明德於天下者、使天下之人、皆有以明其明德也、新安吳氏曰由此推之則治國是欲明明德於一國齊家是欲明明德於一家也○新安陳氏曰本當云欲平天下者先治其國今乃以明明德於天下言之蓋以明德乃人己所同得明明德者明己之明德體也明明德於天下者新天下之民使之皆明其明德如此則天下無不平矣用也一言可以該大學之體用可見明明德又爲綱領中之綱領也○東陽許氏曰不曰欲平天下先治其國而曰明明德者是要見新民是明德中事又見新民不過使人各明其德而已 心者、身之所主也、誠、實也、意者、心之所發也、實其心之所發、欲其必自慊、而無自欺也、雲峯胡氏曰中庸言誠身是兼誠意正心修身而言謂身之所爲者實此但言誠意是欲心之所發者實章句所發二字凡兩言之因其所發而遂明之者性發而爲情也實其心之所發者心發而爲意也朱子嘗曰情是發出恁地意是主張要恁地情如舟車意如人使那舟車一般然則性發爲情其初無有不善卽當加夫明之之功是體統說心發而爲意便有善有不善不可不加夫誠之之功是從念頭說○新安陳氏曰諸本皆作欲其一於善而無自欺也惟祝氏附錄本文公適孫鑑書其卷端云四書元本則以鑑向得先公晚年絕筆所更定而刊之興國者爲據此本獨作必自慊而無自欺可見絕筆所更定乃改此三字也按文公年譜謂慶元庚申四月辛酉公改誠意章句甲子公易簀今觀誠意章則祝本與諸本無一字殊惟此處有三字異是所改正在此耳一於善之云固亦有味但必惡々如惡々臭好善如好々色方自快足於己如好仁必惡不仁方爲眞切若曰一於善包涵不二於惡之意似是歇後語々意欠渾成的當不若必自慊對無自欺只以傳語釋經語通快該備跌撲不破也况語錄有云誠與不誠自慊與自欺只爭毫釐之間自慊則一自欺則二自慊正與自欺相對誠意章只在兩箇自字上用功觀朱子此語則可見矣

致、推極也、推之以至極處知猶、識也、推極吾之知識、欲其所知、無不盡也、格、至也、物、猶事也、窮至事物之理、欲其極處、無不到也、此八者、大學之條目也、

朱子曰六箇欲與先字謂欲如此必先如此是言工夫節次若致知則便在格物上欲與先字差慢在字又緊得些子○致知誠意是學者兩箇關致知乃夢與覺之關誠意乃善與惡之關透得致知之關則覺不然則夢透得誠意之關則善不然則惡○格物是夢覺關誠意是人鬼關過得此二關上面工夫一節易如一節了至治國平天下地步愈闊但須照顧得到○格物是零細說致知是全體說○格物致知於物上窮得一分之理則我之知亦知得一分物理窮得愈多則我之知愈廣其實只是一理纔明彼即曉此○格物十事格得九事通透一事未通透不妨一事只格得九分一分不通透最不可須窮盡到十分處○因其所己知推之至於無所不知○人多把這道理作一箇懸空底物大學不說窮理只說格物便是要人就事物上理會如此方見得實體如作舟行水作車行陸今試以衆力共推一舟於陸必不能行方見得舟不可以行陸也此之謂實體○格物窮理有一物便有一理窮得到後遇事觸物皆撞著這道理事君便遇忠事親便遇孝居處便恭執事便敬與人便忠以至參前倚衡無往而不見這箇道理若窮不至則所見不眞外面雖爲善而內實爲惡○問物者理之所在人所必有而不能無者何者爲切曰君臣父子兄弟夫婦朋友皆人所不能無者但學者須要窮格得盡事父母則當盡其孝處兄弟則當盡其友如此之類須是要見得盡若有一毫不盡便是窮格不至也○物謂事物也須窮極事物之理到盡處便有一箇是一箇非凡自家身心上皆須體驗得一箇是非若講論文字應接事物各々體驗漸々推廣地步自然寬濶如曾子三省只管如此體驗去○致知格物只是一事非是今日格物明日又致知格物以理言也致知以心言也○致知格物是窮此理誠意正心修身是軆此理齊家治國平天下是推此理要做三節看○於格物致知誠意正心修身之際要常見一箇明德隱然流行於五者之間方分明○自格物至平天下聖人亦是畧分箇先後與人看不成做一件淨盡無餘方做一件如此何時做得成○明々德於天下以上皆有等級到致知格物

處便親切故不曰致知者先格其物只曰致知在格物也○北溪陳氏曰心以全體言意是就全體上發起一念慮處言格物必知吾身親至那地頭見得親切方是格○玉溪盧氏曰八者以心爲主自天下而約之以至於身無不統於一心自意而推之以至於萬事萬物無不管於一心曰格曰致曰誠皆正心上工夫曰修曰齊曰治曰平皆自正心中流出○雲峰胡氏曰孟子盡心章集註心者人之神明其衆理而應萬事即章句所謂虛靈不昧以具衆理而應萬事此章或問又曰知者心之神明所以妙衆理而宰萬物其釋知字與釋明德相應蓋此心本具衆理而妙之則在知此心能應萬事而宰之亦在知具者其體之立有以妙之則其用行應者用之行有以宰之則其體立明德中自具全體大用致知云者欲其知之至而全體大用無不明也大學前分事與物言若事自事物自物此獨言物々猶事也有一事必有一理々本非空虛無用之物大學敎人即事以窮理亦惟恐人爲空虛無用之學所以章句釋明德則兼理與事釋至善亦曰事理釋格物亦曰窮知事物之理心外無理々外無事即事以窮理明々德第一工夫也致知在格物此在字又與章首三在字相應大學綱領所在莫先於在明々德而明々德工夫所在又莫先於在格物○新安陳氏曰大學八條目格物爲知之始致知爲知之極誠意爲行之始正心修身爲行之極齊家爲推行之始治國平天下爲推行之極不知則不能行既知又不可不行誠正修行之身也齊治平行之家國與天下也知行者推行之本推行其知行之驗歟[illegible]不觀古之人乎古之必明々德於天下以新民者不遽求之天下也必先治其國以爲天下觀感之地焉欲治其國者不遽求之國也必先齊其家以爲國人興化之自焉欲齊其家者不遽求之家也必先修其身以爲家人倡率之原焉欲修其身者豈徒求之身哉先正其心以端一身之主而已欲正其心者豈徒求之心哉先誠其意以實吾心之發而已欲誠其意者豈徒求之意哉先致其知以析與安之幾而已至於致知則何在哉在即事窮理而格天下之物焉此古人爲學之次第也

物格而后에 知至하고 知至而后에 意誠하고 意誠而后에 心正하고 心正而后에 身修하고 身修而后에 家齊하고 家齊而后에 國治하고 國治而後에 天下平이니라

治去聲後倣此

物이格ᄒᆞᆫ后에知ㅣ至ᄒᆞ고知ㅣ至ᄒᆞᆫ后에意ㅣ誠ᄒᆞ고意ㅣ誠ᄒᆞᆫ后에ᄆᆞᄋᆞᆷ이正ᄒᆞ고ᄆᆞᄋᆞᆷ이正ᄒᆞᆫ后에몸이닥고몸이닥근后에집이가작ᄒᆞ고집이가작ᄒᆞᆫ后에나라히다살고나라히다산后에天下ㅣ平ᄒᆞᄂᆞ니라

物格者、物理之極處、無不到也、知至者、吾心之所知、無不盡也、知既盡、則意可得而實矣、意既實、則心可得而正矣、勿軒熊氏曰知字就心之知覺不昧上說意字是就心之念慮方萌處說○雲峰胡氏曰章句可得二字蓋謂知此理既盡然後意可得而實非謂知己至則不必加誠意之功也意既誠則心之用可得而正非謂意己誠則不必加正心之功也然不曰知既盡然後實其意々既實而後正其心者蓋知行二者貴於並進但畧分先後非必了一節無餘然後又了一節是當會於言意之表也 脩身以上、上聲明明德之事也、齊家以下、新民之事也、此四句包括上一節 物格知至、則知所止矣、意誠以下、則皆得所止之序也、新安陳氏曰意誠心正身修明々德所以得止至善之次序家齊國治天下平新民所以得止至善之次序也皆之一字包明々德新民而言此四句包括此一節也是二節可見三綱之統八目而八目之隷三綱矣○朱子曰致知者理在物而推吾之知以知之也知至者理雖在物而吾心之知己得其極也○問物未格時意亦當誠曰固也豈可說物未格意便不用誠但知未至時雖欲誠意其道無由如人夜行雖知路從此去但黑暗行不得所以要致知々至則道理明白坦然行之今人知未至者也知道善當好惡當惡然臨事不能如此者只是實未曾見得若實見得則行處無差○問物格知至曰格物時方是區處理會到得知至時却己自有個主宰會去分別取舍初間或只見得表不見得裏只見得粗不見得精到知至時方知得到能知得到方會意誠可者必爲不可者決不肯爲到心正則胸中無些子私蔽洞然光明正大截然有主而不亂此身便修家便齊國便治而天下可平○知至謂天下事物之理知無不到之謂若知一而不知二知大而不知細知高遠而不知幽深皆非知之至也須要無所不知乃爲至耳○物格知至是一截事意誠心正身修是一截事家齊國治天下平又是一截事自知至交誠意又是一個過接關子自修身交齊家及是一個過接關子○知至意誠是凡聖界分未過此關雖有小善猶是黑中之自己過此關雖有小過亦是白中之黑○意誠後推盪得査滓佮俐心盡是義理意是指發處心是指體言意是動心該動靜身對心言則心正是內能如此身修是外若不各自做一節工夫不成說我意已誠矣心將自正恐懼哀樂引將去又却邪了不成說心正矣身不用管外面更不顧而心與迹有異矣須是無所不用其功○到正心時節已好了只是就好裏面又有許多偏如水已淘去濁十分淸了又怕於淸裏面有波浪動盪處○意未誠時如人犯私罪意旣誠而心猶動如人犯公罪亦有間矣○物格而後知至々心正而後身修著而字則是先爲此而後能爲彼也蓋卽物而極致其理矣而後吾之所知無不至吾知無不至矣而後見善明察惡盡不容有所自欺而意誠意無不誠矣而後念慮隱微慊快充足而心正心得其本然之正矣而後身有所主而可得而修○雙峯饒氏曰上一節就八目逆推工夫後一節就八目順推功效○玉溪盧氏曰物格則理之散在萬物而同出於一原者無不明矣知至則理之會在吾心而管乎萬物者無不明矣此明々德之端也意誠則明德之所發無不明矣心正則明德之所存無不明矣意誠心正而身修此明々德之實也家齊則明德明於一家矣國治則明德明於一國矣天下平則明德明於天下矣齊字有整然肅然之意父父子子兄兄弟弟夫夫婦婦無一不正之謂也國者家之推家親而國疎故曰治天下者國之推國小而天下大故曰平所以齊之治之平之一而已矣物格至身修則明德明而新民之體立家齊至天下平則民新而明々德之用行物格知至則知止之事意誠則意得所止心正身修則心身得所止是明々德得所止之序也家齊國治天下平則家國天下各得所止是新民得所止之序也自物格以至心正斂之不外乎方寸自心正以至天下平充之彌滿乎六合八者之條目收來放去惟一心耳○東陽許氏曰凡言必后固是謂欲如此必先如此旣如此了然後如此然而致知力行並行不悖若曰必格盡天下之物然後謂之先而知至心知無有不明然後可以誠意則或者終身無可行之日矣聖賢之意蓋以一物之格便是吾之心知於此一理爲至及應此事便當誠其意正其心修其身也須一條一節逐旋理會他日湊合將來遂全其知而足應天下之事矣(得其上唐本多一旣字)心知之心字唐本作心字

備旨 夫古人之爲學皆有所先者亦以其功之相因也誠能於理之在物者有以格之盡而無餘而后吾心之知卽有以至之而致其極矣知至而后道理明白坦然行之意可得而誠矣意誠而后存主皆實物不能動心可得而正矣心正而后中有所主物不能累身可得而修矣身修而后有以儀型於一家家不由是齊乎家齊而后有以感化於一國國不由是治乎國治而后擧此以加彼皆有以明其明德天下不由是平乎古人之知所先後如此

自天子至於庶人히 壹是皆以修身爲本이니라

天子로브터써庶人에니르히ᄒᆞᆫ가지다몸닥금으로써本을삼ᄂᆞ니라

壹是、一切也、漢書平帝紀一切顔師古註云猶以刀切物取其齊整 正心以上、皆所以脩身也、齊家以下、則擧此而措之耳、勉齋黃氏曰天子庶人貴賤不同然均之爲人則不可以不修身誠意正心所以修身治國平天下亦自齊家而推之○雙峰饒氏曰比一段是於八者之中揭出一個總要處蓋天下本在國々之本在家々之本在身是皆當以修身爲本前兩段是詳說之此一段是反說約也○新安陳氏曰此字指修身言天子諸侯卿大夫士庶人一切皆以修身爲本全而齊家以下之効不期而必至矣單提修身而上包正心誠意致知格物之工夫下包齊家治國平天下之効驗皆在其中矣備旨然就八條目而約之格致誠正爲修身而設齊治均平自修身而推信乎物有本末而修身正其本也故上自天子之貴下以至於庶人之賤凡有天下國家之責者壹是皆以愼修其身而爲天下國家之本焉耳

其本이亂而末治者ㅣ否矣며 其所厚者에薄이오而其所薄者에厚ᄒᆞ리未之有也ㅣ니라

그本이亂ᄒᆞ고末이다살者ㅣ否ᄒᆞ며그厚ᄒᆞᆯ바에薄ᄒᆞ고薄ᄒᆞᆯ바에厚ᄒᆞ리잇디아니ᄒᆞ니라

本、謂身也、接上文本字末謂天下國家 所厚、謂家也、三山陳氏曰國天下本非所薄自家視之則爲薄也○新安陳氏曰以家與國天下分厚薄 此兩節、結上文兩節之意、雙峯饒氏曰上一節與此節上一句是敎人以修身爲要下句是敎人以齊家爲要周子曰治天下有本身之謂也治天下有則家之謂也得此意矣○雲峯胡氏曰以朱子之言推之經一

章中綱領第一節三句說工夫第二節五句說功効條目節一節六個先字是逆推工夫第二節七個后字是順推
功効至此兩節前節則於工夫中拈出脩身正結後節則於功効中拈出身與家反結也 ○新安陳氏曰此兩節結
八目前於家言齊正倫理也此於家言所厚篤恩義也
亦如書所謂惇叙九族叙即齊之意惇即厚之意歟

右、經一章、蓋孔子之言、而曾子、述之、凡二百五字 其傳去聲 十章、則曾子之意、而門人記之也

蓋字疑辭則字決辭 舊本、頗有錯簡、今因程子所定、而更考經文、別、彼列反 爲序次、如左、凡一千五百四十六字

凡傳文、雜引經傳、若無統紀、然、文理接續、血脉貫通、深淺始終、至爲精密、熟讀詳味、久當見之、今不盡釋也、新安陳氏曰傳十章朱子有不盡釋處然其不可不知者未嘗不釋也學者於其所釋者於其所釋者熟讀精思則其不盡釋者自當得之矣[illegible]

夫合天下之人固當以修身爲本然 身對家國天下而言則身爲本而家國天下爲末便不能格致誠正以修其身則其本亂矣而末猶然以治者否矣 以家對國與天下而言雖其理未嘗不一然其厚薄之分亦不容無差等苟身之不修是在家不能親其親長其長則所厚者且薄而於國與天下所薄者反厚未之有也有志於大學者可不明德以修身哉

康誥에 曰克明德이라ᄒᆞ며

康誥에ᄀᆞᆯ오ᄃᆡ 능히德밝키다ᄒᆞ며

康誥、周書、克、能也、 朱子曰此克字雖訓能然 比能字有力見人皆有是明德而不能明惟文王能明之克只是眞個會底意 ○西山眞氏曰要切處在克之一字 ○新安陳氏曰康誥本文云克明德愼罰此只收上三字下文引太甲顧諟天之明命亦去先王字皆引經之活法 ○東陽許氏曰 康誥者周武王封弟康叔於衛而告之々書克明德言 文王之能明其德也引之觧明德克字有力明字即上明字包明德字

備旨經文所謂在明々德者稽諸古訓而有徵矣周書康誥有曰人皆有此明德但爲氣拘物蔽以致昏昧不明惟文王繼熙敬止克明其本明之德焉

太甲에曰顧諟天之明命이라하며 大讀作泰 諟古是字

太甲에 ᄀᆞᆯ오ᄃᆡ 하ᄂᆞᆯ밝은命을顧ᄒᆞ다ᄒᆞ며

太甲、商書、顧、謂常目在之也、朱子曰常目在之古註語極好一物在此惟恐人偷去兩眼常々覰親在此相似 諟、猶此也、從古是字之說 或曰審也、廣韻註也今不必從 天之明命、即天之所以與我、而我之所以爲德者也、常目在之則無時不明矣、朱子曰上下文都說明德這裏却說明命盖天之所以與我便是明命我得以爲性者便是明德命與德皆以明言是這個物本自光明我自昏蔽了他○顧諟者只是長有此心知得有這道理光明不昧方其未接物此理固湛然淸明及其遇事應接此理亦隨處發見只要常提撕省察念念不忘存養久之則道理愈明雖欲忘之而不可得矣○只是見得道理長在目前不被事物遮障了不成是有一物可見其形象○雙峯饒氏曰靜在動察皆是顧其靜也聽於無聲視於無形戒謹不睹恐懼不聞其動也即物觀理隨事度宜於事親見其當孝於事兄見其當弟此之謂常目在之○玉溪盧氏曰天之明命即明德之本原自我之得乎天者言曰明德自天之與我者言曰明命名雖異而理則一日用動靜語默之間孰非明德之發見亦孰非明命之流行日用動靜語默之間孰非顧諟明命之所亦孰非明々德之所○新安吳氏曰言德則命在其中故釋明德曰人之所得乎天言命則德在其中故釋明命曰天之所以與我而我之所以爲德○新安陳氏曰傳引康誥帝典之克明皆釋上一明字乃明之々明而明德之本體則未嘗說破惟以顧諟天之明命言之蓋明命即明德之本原顧諟即明之々工夫也貫天命己德而一之或問謂天未始不爲人々未始不爲天可謂精矣子思言天命之謂性其亦紬述此意也歟○東陽許氏曰顧諟動靜皆顧一息之頃一事之毫末放過便不是顧天之明命雖是就付與我處言然此明命即是萬物之理在裏面故於應事處才有照管不到便損了此命明(唐本損上多一暗字)備旨由康誥溯而上之則有湯觀商書太甲有曰天之明命是天之昭然子我而我之所以爲德者但忽玩者多惟成湯聖敬日躋顧諟上天所付之明命焉

湯之盤銘에 曰苟日新이어든 日日新ᄒᆞ고 又日新이라ᄒᆞ며

湯의盤銘에,ᄀᆞᆯ오ᄃᆡ 진실로나래새롭거든나날새로이ᄒᆞ고ᄯᅩ날로새로이ᄒᆞ라ᄒᆞ며

盤、沐浴之盤也、新定邵氏曰日々盥頮人所同也日々沐浴恐未必然內則篇記子事父母不過五日燂湯請浴三日具沐而已斯銘也其殆刻之盥頮之盤歟○雲峯胡氏曰沐浴之盤本孔註邵說雖無關於日新大旨然於盤字成有小補云 銘、名其器、以自警之辭也、苟、誠也、論語苟志於仁苟亦訓誠 湯、以人之洗濯其心、以去上聲下同惡、如沐浴其身、以去垢、故銘其盤、言、誠能一日、有以滌其舊染之汚、而自新、則當因其已新者而、日日新之、又日新之不可略有間去聲斷徒玩友也、

問盤銘見於何書朱子曰只見於大學緊要在一苟字首句是爲學入頭處誠能日新則下兩句工夫方能接續做去今學者却不去苟字上著工夫○苟日新々是對舊染之汚而言日々新又日新只是要常々如此無時斷也○西山眞氏曰身有垢皆知沐浴以去之心者神明之舍乃甘爲私欲所汚是以形體爲重心性爲輕也豈不謬哉○雙峯饒氏曰所新雖在民作而新之々機實在我故自新爲新民之本我之自新有息則彼之作新亦息矣所以釋新民先言自新相關之機蓋如此○雲峯胡氏曰盤銘三句苟字是志意誠確於其始又字是工夫接續於其終○新安陳氏曰德日新之蘊自是仲虺發之湯采之爲此銘伊尹又本之以告太甲曰惟新厥德終始惟一時乃日新說者謂孟子所言萊朱即仲虺與斯道之傳者也明々德爲體新民爲用體用元不相離故於平天下以明々德於天下爲言由體而達於用同一明也於新民之端以日新又新爲言因用而原其體同一新也移明己德之明字以言明民德又移新民之新字以言新己德體用之不相離可見矣

補旨 經文所謂在新民者稽之古聖人可見矣 觀成湯之盤銘有曰人之洗心如洗身苟能一日去其舊染之汚奮然自新即當因其日新者而日々接續以新之 又日提振以新之使私欲淨盡有如沐浴一般湯之自新如此

康誥에 曰作新民이라ᄒᆞ며

康誥애골오딕재롭는民을作ㅎ라ㅎ며

皷之舞之之謂作。言。振起其自新之民也 朱子曰皷之舞之如擊皷然自然能使人蹈舞踊躍上之人之於民時々提撕警發之 則下之觀瞻感化 各自有以與起同然之善心而不能自已耳○陳氏曰自新之民已能改過遷善 又從而皷舞振作之使之亹々不能自已是作其自新之民也 此正新民用工夫處○雲峯胡氏曰前言顧諟是時々提撕警覺其在我者 此所謂作是時々提撕警覺其在民者也○新安倪氏曰易繫辭云鼓之舞之以盡神摘此四字以釋作字振起之即孟子稱堯勞來匡直輔翼使自得之又從而振德之意○東陽許氏曰第二節章句以新民爲自新之民蓋民心皆有此善才善心發見便是自新之機因其欲新而鼓舞之作字是前新字意 附註觀周書康誥有曰商民雖染舊俗豈無自新之機爲人上者當迎其機而作之井田學校 修其作之々具勞來匡直 詳其作之々術 使之舍舊而遷善焉 武王之作新如此

詩曰周雖舊邦이나其命維新이라하니라

詩에골오딕周ㅣ비록녯나라히나그命이새롭다ㅎ니

詩。大雅文王之篇。言。周國。雖舊。至於文王。能新其德以及於民。此是推本說 而始受天命也 始字貼新字○朱子曰是新民之極和天命也新○北溪陳氏曰三節有次第盤銘言新民之本康誥言新之民事文王詩言新民成功之極○雙峯胡氏曰明命是初頭稟受底以理言 命新是末稍膺受底以位言要之只是一個天下無性外之物○東陽許氏曰第三節言文王明々德而及於民故其日新 初受天命 附註觀大雅之詩有曰我周自后稷以來雖是舊邦至於文王而聖德日新民風丕變 故天命之新有天下而命維新也 文王之新命如此

是故로君子는無所不用其極이니라

이런故로君子는그極을쓰디아닐배업느니라

自新、新民、皆欲止於至善也、朱子曰明々德便要如湯之日新新民便要如文王之周雖舊邦其命維新各求止於至善之地而後已也○玉溪盧氏曰前言止至善此言用其極二義互相發止則不紛紛擾々矣用則非槁木死灰矣○雲峰胡氏曰上章釋明々德故此章之首曰日新又新所以承上章之意下章釋止於至善故此章之末曰無所不用其極又所以開下章之端文理接續血脈貫通此亦可見○臨川吳氏曰此章盤銘承上章言自明者所以自新而欲新民者必先自新是發新民之端也康誥承上文言自新既至則可推以作興自新之民示新民之方也文王詩承上文言既能自新而推新以民則民德皆新而天命亦新著新民之効也盤銘言自新康誥言新民文王詩自新々民之極也極即至善之云也用其極者求其止於是之謂也故以用其極結上文自新々民之義而起下章所止之說也（擾擾唐本作擾亂）[備旨]由湯文武觀之是皆所以用其極者也故後之君子凡有新民之責者自新必如湯之日新又新々民必如周之作新々命皆求止於至善之地而已矣

右ᄂᆞᆫ傳之二章이니釋新民ᄒᆞ다 東陽許氏曰此章釋新民而章內五新字皆非新民之新盤銘以自新言康誥以民之自新言詩以天命之新言然新民之意却只於中可見

詩云邦畿千里여惟民所止라하니라

詩에닐오ᄃᆡ邦人畿ㅣ千里여民의止ᄒᆞ연ᄂᆞᆫ배라ᄒᆞ니라

詩、商頌玄鳥之篇、邦畿、王者之都也、止、居也、言物各有所當止之處也、新安陳氏曰引詩謂邦畿爲民所止之處以比事物各有所當止之處且泛說止字○東陽許氏曰王者所居地方千里謂之王畿居天下之中四方之人環視內向皆欲歸止於其地猶事有至善之理人當止之也[備旨]經文所謂在止於至善者何哉嘗考於古而得之矣商頌玄鳥之詩云王者所都之邦畿地方千里實居天下之中而四方之人環視內向皆欲歸止於其地是惟民之所止也即詩言觀之可見凡事有至善之理人當止之亦猶是也

詩云緡蠻黃鳥여止于丘隅ㅣ라ᄒᆞ야ᄂᆞᆯ子ㅣ曰於止에知其所止로소니

可以人而不如鳥乎아 詩緡作綿

詩에닐오ᄃᆡ緡蠻ᄒᆞᆫ黃鳥ㅣ여丘隅에止타ᄒᆞ야ᄂᆞᆯ子ㅣᄀᆞᆯᄋᆞ샤ᄃᆡ止홈애그止ᄒᆞᆯ바를아도소니可히써사ᄅᆞᆷ이오鳥만ᄀᆞᆺ디못ᄒᆞ랴

詩、小雅緡蠻之篇、緡蠻鳥聲、丘隅、岑鋤林反蔚紆弗反之處、岑蔚二字本古註○北溪陳氏曰上高曰丘隅謂丘之一角峻處山岑高而木森蔚所謂林茂鳥知歸也子曰以下、孔子說詩之辭、言、人當知所當止之處也、雲峯胡氏曰此傳不特釋止至善幷知止至能得皆釋之故首引孔子之言曰知其所止而章句於下文亦以知其所止與所以得止至善之由言之○新安陳氏曰此比人當知所止重在知字 備旨 小雅緡蠻之詩云緡蠻其聲之黃鳥棲止于丘隅岑蔚之處孔子讀之而有感曰黃鳥一物也於其止也尙知其所當止之處而止之也况人爲萬物之靈可以不知所止曾鳥之不如乎即詩與子言觀之可見至善所在人當知所止也

詩云穆々文王이여**於緝熙敬止**라하니 **爲人君**엔 **止於仁**하시고 **爲人臣**엔 **止於敬**하시고 **爲人子**엔 **止於孝**하시고 **爲人父**엔 **止於慈**하시고 **與國人交**엔 **止於信**이러시다

詩에닐오ᄃᆡ穆穆ᄒᆞ신文王이여於ㅣ라緝ᄒᆞ야熙ᄒᆞ야敬ᄒᆞ야止ᄒᆞ시다ᄒᆞ니人君이도여ᄂᆞᆫ仁에止ᄒᆞ시고人臣이되여ᄂᆞᆫ敬에止ᄒᆞ시고人子ㅣ되여ᄂᆞᆫ孝에止ᄒᆞ시고人父ㅣ되여ᄂᆞᆫ慈에止ᄒᆞ시고國人으로더브러交ᄒᆞ시매ᄂᆞᆫ信에止ᄒᆞ더시다

詩、文王之篇、穆穆、深遠之意、以德容易於、歎美辭、緝、繼續也、熙、光明也、緝不容己之誠也熙不容掩之明也敬止、言其無不敬、而安所止也、朱子曰緝熙是工夫敬止是功効○西山眞氏曰敬止之敬擧全體言無不敬之敬也爲人臣止於敬專指敬君言敬之一事也文王之敬包得仁敬孝慈信○新安陳氏曰安字見文王安行之氣象非勉焉用力之比引此而言、聖人之止、無非至善、五者乃其目之大者也學者、於此究其精微之蘊、委粉於問二反、而又推類以盡其餘、則於天下之事、皆有以其知所止、而無疑矣、朱子曰爲人君止於仁々亦有幾多般須隨處看這一事合當如此是仁那一事又合當如彼是仁爲人臣止於敬々亦有多少般不可止道擊跽曲拳是敬如陳善閉邪納君無過皆是敬若止執一便偏了安得謂之至善○節齋蔡氏曰緝熙敬止者所以爲止至善之本仁敬孝慈信所以爲止至善之目○西山眞氏曰理之淺近處易見而精微處難知若只得其皮膚便以未善爲己善須窮究至精微處推者此說君臣父子而已夫婦則止於有別長幼則止於有序廣而推之萬事萬物莫不各有當止處也○雲峰胡氏曰仁敬孝慈信五者人所當止莫大於此故當於此五者之中究其精微之蘊人所當止不盡於此故又當於五者之外推類以盡其餘○新安陳氏曰學者於此以下乃朱子推廣傳文言外之意備旨求其能止至善者其惟文王乎大雅文王之詩云穆々然深遠之文王於哉其德之緝續熙明無不敬而安所止也夫詩所謂敬止如何如仁者君之至善也文王爲人君則以心行政而止於仁敬者臣之至善也文王爲人臣則以下服上而止於敬孝者子之至善也文王爲人子則愛慕繼承而止於孝慈者父之至善也文王爲人父則積德昌後而止於慈至於統御國人其至善在信文王與國人交則內外始終不欺不二而止於信所謂緝熙敬止者如此此文王之自然而得所止也學者即此五者日用人倫之大而推之天下之事無不有以得其至善之所在矣

詩云瞻彼淇澳혼대菉竹猗猗로다有斐君子여如切如磋하며如琢如磨ㅣ라瑟兮僩兮며赫兮喧兮니有斐君子여終不可諠兮라하니

如切如磋者ᄂᆞᆫ道學也ㅣ오如琢如磨者ᄂᆞᆫ自修也ㅣ오瑟兮僩兮者ᄂᆞᆫ恂慄也ㅣ오赫兮喧兮者ᄂᆞᆫ威儀也ㅣ오有斐君子終不可諠兮者ᄂᆞᆫ道盛德至善을民之不能忘也ㅣ니라 奧於六反菉詩作綠猗叶韻音阿僩下版反喧詩作咺諠詩作諼並况晚反恂鄭氏讀作峻

詩에닐오ᄃᆡ 淇ㅅ澳을본ᄃᆡ 菉竹이 猗猗ᄒᆞ도다 斐ᄒᆞᆫ君子ㅣ여 切ᄐᆞᆺᄒᆞ고 磋ᄐᆞᆺᄒᆞ며 琢ᄐᆞᆺᄒᆞ고磨ᄐᆞᆺᄒᆞᆫ디라 瑟ᄒᆞ며僩ᄒᆞ며 赫ᄒᆞ며喧ᄒᆞ니 斐ᄒᆞᆫ君子ㅣ여 ᄆᆞᄎᆞᆷ내可히 닛디못ᄒᆞ리로다ᄒᆞ니切ᄐᆞᆺᄒᆞ고 磋ᄐᆞᆺᄒᆞ다ᄒᆞᆷᄋᆞᆫ學을닐옴이오 琢ᄐᆞᆺᄒᆞ고磨ᄐᆞᆺᄒᆞ다 ᄒᆞᆷᄋᆞᆫ스스로 ᄃᆞᆺ금이오 瑟ᄒᆞ며僩ᄒᆞ다ᄒᆞᆷᄋᆞᆫ 恂慄ᄒᆞᆷ이오 赫ᄒᆞ며喧ᄒᆞ다ᄒᆞᆷᄋᆞᆫ威儀ㅣ오 斐ᄒᆞᆫ君子ㅣ여 ᄆᆞᄎᆞᆷ내可히 닛디못ᄒᆞ리로다 ᄒᆞᆷᄋᆞᆫ盛ᄒᆞᆫ德과지극ᄒᆞᆫ 善을民의能히 닛디못ᄒᆞᆷ을니라니라

詩、衛風淇澳之篇、澳、水名、澳、隈、烏回反也、猗々、美盛貌、興去聲也、新安陳氏曰此於詩之六義屬興借淇竹起興以美衛武公有文之君子也 斐、文貌、雙峯饒氏曰有斐是說做成君子之人所以斐然有文者其初自切磋琢磨中來也 切、以刀鋸、居御反 琢以椎直追反鑿、皆裁物使成形質也、磋以鑢音慮鐋、他浪反 磨以沙石、皆治物使其滑澤也、治骨角者、既切而復扶又反下同磋之、治玉石者、既琢而復磨之、皆言其治之有緒、而益致其精也、切與琢是治之有端緒磋與磨是益致其精細 瑟、嚴密之貌、僩、武毅之貌、嚴密不麤疎也武毅不怠弛也○東陽許氏曰嚴密是嚴厲縝密武毅是剛武彊毅

以恂慄釋瑟僩而朱子謂恂慄者嚴敬存乎中金仁山謂所守者嚴密所養
者剛毅嚴密是不麤疎武毅是不頹惰以此展轉體認則瑟僩之義可見
赫、喧、宣著盛大之貌、雙峯饒氏曰宣著釋赫字盛大釋喧字諠、忘也、道、言也、學、謂講習討論之事、自脩者、省星上聲察克治之功、
新安陳氏曰學所以致知々視行爲易故以切嗟比之治骨角猶易於治玉
石也自修所以力行々視知爲難故以琢磨比之治玉石則難於治骨角矣
恂慄、戰懼也、戰懼之意嚴乎中威可畏也、儀可象也西山眞氏曰威者正衣冠尊瞻視儼然人望而畏之非徒事嚴猛而已儀者動容周旋中禮
非徒事容飾而已○蛟峯方氏曰瑟是工夫細密僩是工夫强毅恂慄是兢々業々惟其兢
業戒懼所以工夫精密而强毅○新安陳氏曰有威而可畏
謂之威有儀而可象謂之儀本左傳語威儀之美形於外
引詩而釋之、以用此明字謂發明明明德者之止
於至善、道學、自脩、言其所以得之之由、恂慄威儀、言其德容表裏之盛、恂慄在裏德也威儀見於表容也卒乃指其實、謂盛德至善而歎美之也、朱子曰切而不磋未到至善處琢而不磨亦未到至善處瑟兮僩兮則誠敬存於中矣未至於赫兮喧兮威儀輝光著見於外
亦未爲至善至於民之不能忘若能止其至善何以使民久而不能忘○玉溪盧氏曰切磋則知至善之所止琢磨
則得至善之所止恂慄見至善之德修於中威儀見至善之容著於外德容表裏之盛一至善耳卒指至善之實非
盛德之外有至善亦非明德之外有盛德也○新安吳氏曰理在事物則爲至善身體此理而有所得則爲盛德如
君之至善是仁能極其仁即君之盛德也明德是得於稟賦之初者盛德是得於踐履之後者亦只一理而已○新
安陳氏曰此章釋止至善亦有釋知止能得之意於止知其所止知止也引淇澳而釋之學與自修言明々德所以
得止至善之由恂慄威儀盛德至善指其得止至善之實民不能忘已開新民得止至善之端下文方極言之耳章
句所以得之々得字正與經文能得之得字相照應○東陽許氏曰此卽工夫全在切磋琢磨四字上章句謂治之
有緖而致其精治之有緖謂先切琢而後可以磋磨循序而進工夫不亂益致其精謂旣切琢而又須磋磨求其極
至工夫不輟切磋以喩學是就知上說止至善講習討論窮究事物之理自淺以至深自表以至裏直究至其極處
琢磨是就行上說止至善謂修行者省察克治至於私欲淨盡天理流行直行至是處瑟兮僩兮謂恂慄是德存於

中者完赫兮喧兮謂威儀是德見於外者著(是處唐本作極處)[illegible]曰吾於衛風之詩見明々德之止至善焉詩云瞻彼淇水之澳菉竹猗々而美盛況我有斐之君子其用功之精 如治骨角者旣切而又磋之 其用功之密如治玉石者旣琢而復磨之 由是內焉瑟兮而嚴密僩兮而武毅外焉 赫兮而盛大喧兮而宣著此有斐之君子終不可得而諠忘兮詩之所言如此由今繹之 所謂如切如磋者言君子之窮理講習以究之 討論以辨之學而知之以至精也如琢如磨者言君子之遏欲省察以防之克治以去之修而行之以至密也 瑟兮僩兮者言君子 理念精明不假矜持自無放惰恂謹而悚慄也赫兮喧兮者言君子 純一積中無事表暴光輝自形有威可畏有儀可象也 至謂有斐君子終不可諠兮者言君子由學問自修之功造恂慄威儀之地其盛德已底於至善所以民同然之心自然仰慕而不能忘也明々德之止至善如此不有以端新民之本哉

詩云於戲ㅣ라 前王不忘이라ᄒᆞ니라 君子ᄂᆞᆫ 賢其賢而親其親ᄒᆞ고 小人은 樂其樂而利其利ᄒᆞᄂᆞ니 此以沒世不忘也ㅣ니라 於戲音烏乎樂音洛

詩에닐오대於戲ㅣ라前王을닛디몯ᄒᆞ리로다ᄒᆞ니君子ᄂᆞᆫ그賢ᄒᆞ샤믈賢히너기며그親ᄒᆞ샤믈親히너기고小人안그樂게ᄒᆞ샤믈樂히너기며그利케ᄒᆞ샤믈利히너기ᄂᆞ니써世ㅣ沒ᄒᆞ야도닛디몯ᄒᆞᆷ이니라

詩、周頌烈文篇、於戲、歎辭、前王、謂文武也、君子、謂其後賢後王、小人、謂後民也、此言前王所以新民者、止於至善、能使天下後世、無一物不得其所、所以旣沒世而人思慕之、愈久而不忘也、 朱子曰沒世而人不能忘如堯舜文武之德萬世尊仰之豈不是賢其賢如周后稷之德子孫宗之以爲先祖之所自出豈不是親其親 ○玉溪盧

氏曰此兩節相表裏上節即此節之本原此節即上節之効驗然則新民之至善豈在明々德止至善之外哉○仁山金氏曰賢其賢者高山仰止景行々止崇其德也親其親者敬其所尊愛其所親象其賢也樂其樂者風淸俗美上安下順樂其遺化也利其利者分井受廛安居樂業沐其餘澤也○新安陳氏曰後賢賢其賢後王親其親下賢親二字指前王之身後民樂其樂而利其利下樂利二字指前王之澤傳文雖未嘗言新民止於至善之工夫事實然就親賢樂利上見得前王不特能使當世天下無一物不得其所而後世尙且如此可見新民止於至善之效驗矣　此兩節、詠歎滛泆、其味深長、當熟玩之、記樂記咏歎之滛泆之○雙峯饒氏曰咏歎言其詞滛泆言其義滛泆者意味乎言詞之外也

右는傳之三章이니釋止於至善ᄒᆞ다雙峯饒氏曰明德新民兩章釋得甚畧此章所釋節目既詳工夫又備可見經首三句重在此一句上節目謂仁敬孝慈等工夫謂學與自修○玉溪盧氏曰此章凡五節第一節言物各有所當止之處二節言人當知所當止之處以知止之事而言也第三節言聖人之止無非至善以得其所止之事而言也第四節言明々德之止於至善乃至善之體所以立第五節言新民之止於至善乃至善之用所以行○雲峯胡氏曰此章釋明德新民之止於至善兼釋知止能得又兼釋八者條目其中學是致知格物之事自修是誠意正心修身之事親其親以至利其利是化及於國家天下○臨川吳氏曰此章綿蠻詩承上文物各有所止之意以明人當知所止之義而起下文實指人所當知者之說此蓋發止於至善之端也文王詩以下承上文人當知所當止之義而實指人所當止之處淇澳切磋琢磨承上文實指人所當止之處而言求止於所當止者之由此蓋示止於至善之方也瑟僩以下言明々德得止於至善之極而發新民之端烈文詩以下承上文民不能忘之說而言新民得止於至善之極以著明々德之効此蓋極言止於至善之効也[illegible]又於烈文之詩見新民之止至善焉詩云於戲惟我前王人不能忘夫前王何以不忘哉蓋由後其後王觀之舊章成憲是其賢也使後之君子得以賢其賢而率由不違創業垂統是其親也使後之君子得以親賢親而纘承不替由後民觀之風滀俗美是其樂也使後之小人得以樂其樂而長享太平分井授廛是其利也使後之小人得以利其利而永沐膏澤此所以前王既己沒世而後之人蒙其澤者猶思慕之而不忍忘也新民之止至善如此不有以爲明德之驗哉

此章內自引淇澳詩以下、舊本、誤在誠意章下

子ㅣ曰聽訟이吾猶人也나ㅣ必也使無訟乎신뎌ᄒᆞ시니 無情者ㅣ不得盡其辭는 大畏民志니 此謂知本이니라

子ㅣ갈ᄋᆞ샤ᄃᆡ訟을드름이내사람과갓타나반다시ᄒᆞ여곰訟이업게호린뎌ᄒᆞ시니情업슨者ㅣ시러곰그말ᄉᆞᆷ을다ᄒᆞ디못홈은크게民의ᄠᅳᆺ을畏케홈이니이닐온本을아롬이니라

猶人、不異於人也、情、實也、引夫子之言而言聖人、能使無實之人、不敢盡其虛誕之辭、蓋我之明德、旣明、(此推本言之明々德爲本乃傳者言外之意) 自然有以畏服民之心志(此即新民)故、訟不待聽而自無也、觀於此言、可以本末之先後矣、

朱子曰聖人說聽訟我也無異於人當使其無訟之可聽方得聖人固不會錯斷了事只是他所以無訟者却不在於善聽訟在於意誠心正自然有以薰炙漸染大服民志故自無訟之可聽耳○使民無訟在我之事本也此所以聽訟爲末○無情者不得盡其辭便是說那無訟之由然惟先有以服其心志所以能使之不得盡其虛誕之辭○如成人有其兄死而不爲衰者聞子皐將爲成宰遂爲衰子皐又何曾聽訟了致然只是自有感動人處耳○雙峯饒氏曰聽訟末也使無訟理其本也傳者擧輕以明重然引而不發如此則見明德新民之相爲本末矣問無情曰情與僞對情實也僞不實也論語曰民莫敢不用情○玉溪盧氏曰有訟可聽非新民之至善無訟可聽方爲新民之至善無訟則民新矣使民無訟惟明々德者能之聽訟使無訟之本末先後即明德新民之本末先後也經文物有本末上有知止能得一節前章釋止至善而知止能得之義己在其中經文物有本末下有終始先後又有修身爲本及本亂末治者否矣此言知本則不特終始先後之義在其中而爲本及本亂末治者否之

意亦在其中矣○東陽許氏曰本即明々德也我之德既明則自能服民志而不敢盡其無實之言如虞芮爭田不敢履文王之庭是文王之德大畏民志自然無訟○臨川吳氏曰上章烈文以新民之所止言之而著明々德之効者是能新民者皆本於明々德故也此章言聖人能使民德自新而無實之人不敢盡其虛誕之辭自然有以畏服其心志是以訟不待聽而自無者蓋本於能明其明德也故朱子曰觀於此言可以知本末之先後也（會錯之會唐本作嘗）補曰經文所謂物有本末者何哉嘗得之夫子之言矣夫子嘗曰聽民之訟而判其曲直者吾尙可以猶夫人也必也使民曲直兩忘自然無訟乃爲貴乎夫子之言如此夫爭訟之人本無情實也今曰無訟是聖人能使無情實之人不得盡其虛誕之辭蓋由我之明德既明自然有以大畏服民之心志故訟不待聽而自無也觀於此言可謂知明德爲新民之本而在所當先矣本焉既知則末之在所當後者不可推乎經文所謂物有本末者如此

右는傳之四章이니釋本末하다 新安陳氏曰此章釋本末以結句四字知之知本之當先則自知末之當後矣

此章、舊本、誤在止於信下、

此謂知本

程子曰衍文也、衍延面反亦作羨

此謂知之至也ㅣ니라

이닐온知ㅣ至홈이니라

此、句之上、別有闕文、此特其結語耳、

右는傳之五章이니蓋釋格物致知之義而今亡矣라

此章、舊本、通下章、誤在經文之下、

間嘗竊取程子之意하야 以補之曰所謂致知在格物者는 言欲致吾之知ㅣ면 在即

物而窮其理也ㅣ라 即物如即事即景隨吾所接之事物也 蓋人心之靈이莫不有知오而天下之物이莫不有理언마ᄂᆞᆫ惟於理에有未窮故로其知ㅣ有不盡也ㅣ니是以로大學始敎애 須看始敎字此是大學第一件下工夫處 必使學者로即凡天下之物ᄒᆞ야莫不因其已知之理 已知即上文人心之靈莫不有知之知 而益窮之ᄒᆞ야以求至乎其極ᄒᆞᄂᆞ니至於用力之久而一日애豁然貫通焉則衆物之表裏精粗ㅣ無不到而吾心之全體大用이無不明矣리니 新安陳氏曰久字與一旦字相應用力積累多時然後一朝脫然通透吾心之全體即釋明德章句所謂具衆理者吾心之大用即所謂應萬事者也 此謂格物이며此謂知之至也ㅣ니라

간에일즉그윽이程子ㅅ뜻을取ᄒᆞ야써補ᄒᆞ야ᄀᆞᆯ아되일안바知를致ᄒᆞᆷ이物을格ᄒᆞᆷ에잇다ᄒᆞᆷ은닉의知를致코져ᄒᆞᆯ진ᄃᆡ物에即ᄒᆞ야그理를窮ᄒᆞᆷ에잇슴을일옴이라人心의靈이知ㅣ잇지아님이업고天下의物이理ㅣ잇지아님이업건마ᄂᆞᆫ오직理에窮치못ᄒᆞᆷ이잇ᄂᆞᆫ故로그知ㅣ盡치못ᄒᆞᆷ이잇ᄂᆞ니이로써大學비로소가라침의반다시學者로ᄒᆞ야곰믈읫天下앳物에即ᄒᆞ야그임의아난理를因ᄒᆞ야더욱窮ᄒᆞ야써그極에至ᄒᆞᆷ을求치아님이업게ᄒᆞᄂᆞ니힘을슴이오래여하로아침에豁然히貫通ᄒᆞᆷ에니르면衆物의表와裏와精과粗ㅣ니르지아님이업고吾心의全體와大用이ᄇᆞᆰ지아님이업슬이니이일안物이格ᄒᆞᆷ이며이일안知ㅣ至ᄒᆞᆷ이니라

問所裡第五章何不効其文體朱子曰亦嘗効而爲之竟不能成○大學不說窮理而謂之格物只是使人就實處窮究○格物只是就一物上窮盡一物之理致知便只是窮得物理盡後我之知識亦無不盡處○大學是聖門

最初用功處格物又是大學最初用功處試考其說就日用間如此作功夫久之意思自別○問經文物格而後知至却是知至在後今乃云因其已知而益窮之則又在格物前曰知元自有纔要去理會便是這些知萌露若懵然全不向著便是知之端未會通纔思量著便這個骨子透出來且如做些事錯纔知道錯便是向好門路却不是方始去理會個知只是如今須著因其端而推致之使四方八面千頭萬緒無有些不知無有毫髮窒礙孟子所謂知皆擴而充之若火之始然泉之始達擴而充之便是致字意思○表者人物所共由裏者吾心所獨得有人只就皮殼上用工於理之所以然者全無見處有人思慮向裏去多於事物上都不理會此乃說玄說妙之病二者都是偏若到物格知至則表裏精粗無不盡○北溪陳氏曰理之體具於吾心而其用散在事物精粗巨細都要逐件窮究其理若一事不理會則此心闕一事之理一物不理會則闕一物之理非揀精底理會而遺其粗大底理會而遺其小也頭緒雖多然進亦有序先易而後難先近而後遠先明而後幽○西山眞氏曰大學敎人以格物致知蓋即物而理在焉庶幾學者有著實用功之地不至馳心於虛無之境若不就事物上推求義理則極至處亦無緣知得盡○雙峰饒氏曰格物窮至那道理恰好闘奧處自表而裏自粗而精然裏之中又有裏精之中又有至精透得一重又有一重且如爲子必孝爲臣必忠此是臣子分上顯然易見之理所謂表也然所以爲孝爲忠則非一字所能盡如居則致其敬養致樂病致憂喪致哀祭致嚴皆是孝裏面節目所謂裏也然所謂居致敬又如何而致敬如進退周旋愼齊升降出入揖遊不敢噦噫嚏咳不欠伸跛倚寒不敢襲癢不敢搔之類皆是致敬中之節文如此則居致敬又是表其間節文之精微曲折又是裏也然此特敬之見於外者耳至於洞洞屬屬如執玉奉盈如弗勝以至視於無形聽於無聲又是那節文裏面骨髓須是格之又格以至於無可格方是極處精粗亦然如養親一也而有所謂養口體有所謂養志口體雖是粗然粗中亦有精養志雖是精然精中更有精若見其表不窮其裏見其粗不窮其精固不盡然但究其裏而遺其表索其精而遺其粗亦未盡須是表裏精粗無所不到方是物格○玉溪盧氏曰心外無理故窮理即所以致知理外無物故格物即所以窮理知者心之神明乃萬理之統會而萬事萬物之主宰言窮理則易流於恍惚言格物則一歸於眞實表也粗也理之用也裏也精也理之體也衆理之體即吾心之體衆理之用卽吾心之用心之全體大用無不明則明々德之端在是矣物格知至雖二事而實一事故結之曰此謂物格此謂知之至也補曰朱子補格致之傳曰大學傳之五章蓋釋經文格物致知之義而今簡篇己亡失矣然格物致知乃學者最初用功處是誠不可闕者間嘗竊取程子之意以補之曰經文所謂致知在格物者其義爲何言欲致極吾心之知使無一不明在即天下之物而窮盡其理使無一不到也蓋人心之虛靈莫不有本然之知而天

帝典에曰克明峻德이라하니 峻書作俊

帝典에골으되능히큰德을밝히다ㅎ니

帝典、堯典虞書、峻、大也、新安陳氏曰明德以此德本體之明言峻德以此德全體之大言一也德之全體本無限量克明之是盡己之性通貫明徹無有不明處而全體皆明也[備旨]由太甲溯而上之則有堯觀虞書帝典有曰德之在人全體本極高大但人皆被私欲狭小惟帝欽明文思克明其峻大之德

皆自明也ㅣ니라

다스사로밝키미니라

結所引書、皆言自明己德之意、雙峯饒氏曰引三書先後不倫取其辭意不以人代之先後拘後凡引詩書皆當以此例之○玉溪盧氏曰自明是爲仁由己而由人乎哉之意明者是自明昏亦是自昏玩一自字使人警省要而言之克明德是自明之始事克明峻德是自明之終事顧諟明命之句在中間是自明工夫此章雖引三書而斷以一言其文理血脉之精密如此○東陽許氏曰第一節平說明々德第二節是明之々功學者全當法此而用功第三節言明其德以至於大此明々德之極功皆自明也雖結上文自字有力明德須是自去明之方可○臨川吳氏曰此章康誥言文王之獨能明其明德以明人當求所以克明其德發明々德之端也太甲承上文言欲求所以克明其德者必常目在乎天所以與我之明德示明々德之方也帝典承上文言能常目在夫天所以與我之明德而明之則是能如堯之克明其大德矣著明々德之効也而又結之曰此皆自明之事也蓋自明者所以自新使民皆有以明其明德者所以新民然欲使民皆有以明其明德而新民必先有以自明而自新故以自明二字結上文明德之傳而起下章盤銘自新之意也[備旨]夫三書之言雖異而要其旨皆所以自明己德也有志大學者以可不以三聖爲法哉

右는傳之首章이니釋明明德ㅎ다

此、通下三章、至止於信、舊本、誤在沒世不忘之下。

下之事物莫不各有當然之理惟於理之在物者 未加窮究之功故其知之在心者有未能盡其本然之量也是以大學始敎於誠正修齊治平未暇及也必使入大學者即凡天下之 物莫不因吾心已知之理而益加窮究之功以求至乎其知之極也至於用力之久而一旦豁然開悟貫通焉則衆物之理或表而大綱裏而 節目或精而細微粗而淺近見無不到而吾心具衆理之全體應萬事之大用亦通其故而 無不明矣夫物之表裏精粗無不到即經文物格之謂也吾心之全體大用無不明即經文知至之謂也入大學者可忽於斯乎

所謂誠其意者는 毋自欺也니 如惡惡臭ᄒᆞ며 如好好色이 此之謂自謙이니 故로 君子는 必愼其獨也ㅣ니라 好惡上字皆去聲이니 謙讀爲慊苦刧反이라

일온밧그意를誠ᄒᆞ다홈은스사로소기디말로미니惡臭를아쳐홈ᄀᆞᆺ티며好色을됴히너김티홈이이일온스사로謙홈이니故로君子는반다시그獨올삼가ᄂᆞ니라

誠其意者、自修之首也、雙峰饒氏曰心之正不正身之修不修只判於意之誠不誠所以中庸孟子只說誠身便貫了誠意正心修身此章雖專釋誠意而所以正心修身之要實在於此故下二章第言心不正身不修之病而不言所以治病之方以已具於此章故也○雲峰胡氏曰大學條目有八只作六傳格物知致二者實是一事故統作一傳自正心以下五者工夫次第相接故統作四傳唯誠意獨作一傳然誠意者自修之首己彙正心修身而言矣章末曰潤身曰心廣提出身與心二字意己可見○新安陳氏曰前章云如琢如磨者自修也誠意正心修身皆自修之事而誠意居其始故曰自修之首 毋者、禁止之辭、自欺云者、知爲善以去上聲下同惡此知者帶從上章致知之知字來 而心之所發、未有實也、雲峯胡氏曰毋自欺三字釋誠意二字自字與意字相應欺字與誠字相反○新安陳氏曰自欺自慢也○東陽許氏曰誠意是致知以後事故章句曰知爲善以去惡而心之所發有未實也 謙、快也、足也、朱子曰誠意章在兩個自字上用功○新安陳氏曰謙字與慊字同音同義爲快字說不盡又添足字快而且足方是自謙　獨者、人所不知而已所獨知之地也（新安陳氏曰地即處也此獨字指心所獨知而言非指身所獨居而言）

言欲自修者、知爲善以去其惡則當實用其力而禁止其自欺、使其惡惡則如惡惡臭、好善則如好好色、皆務決去而求必得之、以自快足於己、不可徒苟且以徇外而爲（去聲）人也、（不求自悟是爲便人）然、其實與不實、蓋有他人所不及知而已獨知之者故必謹之於此、（此指獨字）以審其幾（平聲）焉、（新安陳氏曰周子云幾善惡己所獨知乃念頭初萌動善惡誠僞所由分之幾微處必審察於此以實爲善去惡如別岐途之始分處起脚不差行方能由乎正路否則起脚處一差差毫釐而繆千里矣）（朱子曰幾者動之微是欲動不動之間便有善惡便須就這處理會若到發出處更怎生奈何得○問知至了如何到誠意又說毋自欺曰到這裏方可著手下工夫不是知至了下面許多一齊掃去下面節節有工夫在○譬如一塊物外面是銀裏面是鐵便是自欺須表裏如一方是不自欺須是見得分曉如知烏喙不可食水火不可蹈則自不食不蹈如寒欲衣饑欲食則自是不能已人果見善如饑欲食寒欲衣見惡如烏喙不可食水火不可蹈則此意自是實矣（烏喙藥名食之能殺人）○自欺是半知半不知底人知道善我所當爲却又不十分去爲善知道惡不可爲却又自家舍他不得這便自欺不知不識只喚做不知不識不喚做自欺（新安陳氏曰以上語以知爲重得物格知至爲意誠之根基也）○纔說不自欺則其好善惡惡只要求以自快自足如寒而思衣以自溫饑而思食以自飽非有牽强句且姑以爲人之意也○如鑄私錢做官會此是大故無狀小人豈自欺之謂耶此處工夫極細未便說到粗處前後學者說差了緣賺連下文小人閑居一節看了所以差也）如有九分義理雜了一分私意便是自欺到得厭然揜著之時又其甚者○十分爲善有一分不好底意潛發於其間便由邪徑以長這個却是實前面善意却是虛矣）凡惡惡之不眞爲善之不勇外然而中實不然或有爲而爲之或始勤而終怠皆不實而自欺之患也○論自欺細處且如爲善自家也知得是當爲也勉强去做只是心裏又有些便不消如此做也不妨底意思如爲不善也知得不當爲而不爲心中也又有些便爲也不妨底意思便是自欺便是虛僞不實矣○自謙與孟子行有不慊於心相類亦微不同孟子訓滿足意多大學訓快意多間自謙只是眞實爲善去惡無牽滯於己私只是快底意方始心下滿足曰是○自謙是合下好惡時便是要自謙了非謂做得善了方能自謙自謙正與自欺相對所謂誠其意便是要毋自欺非是誠其意了方能不自欺也自謙者外面如此中心也是如此表裏一般自欺者外面如此中心其實有些子不願只此便是二心誠僞之所由分也○謹獨則於善惡之幾察之愈精愈密○如與衆人對坐自心中發一念或正或不正此亦是獨處○北溪陳氏曰誠者自表而裏眞實如一之謂自欺誠之反也大抵此章在自慊而無自欺首言如好好色惡惡臭是就人情分曉處譬之好色人所同好好則求必得之惡臭人所同惡惡則求必去之而後快足吾意意所快足處是自家表裏眞實恁地非苟且徒爲此也人之好善惡惡亦須表裏眞實如此自求快足方是誠意如稍有不眞實胷次問便自覺有欠缺處如何會快足此便是自欺果能自表而裏斷斷然眞實恁地始快足吾意此便是自謙便是誠然自謙自欺皆自家心裏事非他人所知而己獨知之所以君子貴就那獨處便謹審其幾之發也○徽庵程氏曰愼不但訓謹有審之意焉○問毋自欺還是須從戒謹恐懼上做起抑戒謹恐懼即是毋自欺境界潛室陳氏曰戒謹恐懼與謹獨是兩項地頭戒謹恐懼是自家不睹不聞之時存誠養性氣象如此謹獨是衆人不聞不睹之際存誠工夫如此中庸兼己未發發說故動息皆有養大學只就意之所發說故只防他罅漏處○雙峯饒氏曰此章用功之要在謹獨上凡人於顯然處致謹其意未必果出於誠若能於獨處致謹方是誠意○雲峯胡氏曰君子小人所以分只在自欺與自慊上兩自字與自修之自相應自欺者誠之反自修者不可如此自慊者誠之充自修者必欲如此獨字便是自字便是意字是以中庸論誠首尾言愼獨此章論誠意亦兩言愼獨○東陽許氏曰誠意只是著實爲善著實去惡自欺是誠意之反毋自欺是誠○工夫二如是誠意之實自慊是自欺之反而誠意之效愼獨是誠意地頭○欺慊皆言自是意之誠不誠皆自爲之自欺者適害己不自慊者徒爲人○惡惡臭好好色人人皆實有此心非僞也二如字曉學者當實爲善去惡若惡々臭好々色之爲也（不動之不唐大作末）備旨經文所謂誠其意者何也蓋君子於格致之後既知爲善以去惡矣苟不能實用其力是自欺也欲誠其意者毋自欺其本心之明也使其惡々則如惡々臭之誠而務決去之其好善則如好好色之誠而求必得之此之謂自慊其好善惡々之心始快足於己無餘憾矣然其欺與不欺蓋有他人所不及知而己獨知之者故君子必愼其獨以審其誠意之幾焉

小人이閑居에爲不善호대無所不至하다가見君子而后에厭然揜

其不善ᄒᆞ고而著其善ᄒᆞᄂᆞ니 人之視己ㅣ 如見其肺肝이니 然則何益矣리오 此謂誠於中이면形於外니 故로君子ᄂᆞᆫ必愼其獨也ㅣ니라 閒音閑厭鄭氏讀爲黶於簡反

小人이 閒居홈에 不善을호ᄃᆡ니르디안일바업시ᄒᆞ다가君子랄본后에 厭然히그不善을가리오고그善을나타내ᄂᆞ니사람의己ㅣ보미그肺肝을보다시ᄒᆞ니곳므어시益ᄒᆞ리오이일온中에誠ᄒᆞ면外예形홈이니故로君子ᄂᆞᆫ반다시그獨을삼가ᄂᆞ니라

閒居獨處上聲也、新安陳氏曰獨處是身所獨居與上文己所獨知之獨不同 厭然、消沮上聲閉藏之貌、雙峯饒氏曰厭字有黑暗遮閉之意○新安陳氏曰四字形容小人見君子羞愧遮障之情狀 此、言小人、陰爲不善而陽欲揜之閒居爲陰見君子爲陽 則是非不知善之當爲、與惡之當去上聲也、非不知乃其秉彝之天不可泯沒者 但不能實用其力、以至此耳、然欲揜其惡而、卒不可揜、欲詐爲善而卒不可詐則亦何益之有哉、此、君子所以重去聲以爲戒而必謹其獨也、朱子曰小人閒居爲不善是誠心爲不善也揜其不善而著其善是爲善不誠也 爲惡於隱微之中而詐善於顯明之地將虛假之善來蓋眞實之惡自欺以欺人也然人豈可欺哉○閒居爲不善便是惡々不如惡々臭揜不善著其善便是好善不如好々色○君子小人之分却在誠其意處誠於爲善便是君子 不誠底便是小人○雙峯饒氏曰閒居爲不善自欺也厭然則不自慊矣揜不善而著其善是又欺人也自欺 人與欺人常相因始焉自欺終焉必至於欺人此謂誠於中形於外此誠字是兼善惡說 ○厭然與心廣體胖爲對厭然是小人爲惡之驗心廣體胖是君子爲善之驗○雲峰胡氏曰前章未分君子小人此章分別君子小人甚嚴蓋誠意爲善惡關過得此關方是君子過不得此關猶是小人傳末章長國家而務財用之小人即此閒居爲不善之小人也意有不誠己害自家心術他日用之爲天下國家害也必矣○玉溪盧氏曰兩言愼獨讀上節固當直下承當讀此節尤當痛自警省 ○新安陳氏曰上一節毋自欺說得細密乃自君子隱然心術之微處言之此一節言小人之欺人說得粗乃自小人顯然詐僞之著者言之無上一節毋自欺而必自謙之工夫則爲惡詐善之流弊其極必將至此所以君子必先自愼其獨至此又重以小人爲戒而尤必愼其獨 備旨 小人不能愼獨而自欺 故常閒居獨處之地以爲人莫予覩肆爲不善之事無所不至自欺甚矣及見誠意之君子而后厭然消沮閉藏揜其所爲之 不善而著其虛僞之善殊不知君子之人視己如洞見其肺肝然是惡不可揜而善不可詐則何益之有矣此正所謂誠有是惡於中則必形是惡於外故君子重以爲戒所以必愼其獨而毋自欺也

曾子ㅣ曰十目所視며十手所指니其嚴乎ᆫ뎌

曾子ㅣ ᄀᆞᆯᄋᆞ사ᄃᆡ 十目의 보ᄂᆞᆫ배며 十手의 가라치ᄂᆞᆫ배니 그 嚴ᄒᆞᆫ뎌

引此、以明上文之意、言雖幽獨之中、而其善惡之不可揜、加此、可畏之甚也、朱子曰此是承上文人之視己如見其肺肝之意不可說人不知人曉然其知如此人雖不知我己自知自是甚可皇恐了其與十目十手所視所指何異哉○玉溪盧氏曰 實理無隱顯之間人所不知己所獨知之地即十目十手共視共指之地故爲善於獨者不求人知 而人自知之爲不善於獨者惟恐人知而人必知之其可畏之甚如此曾子所以戰兢臨履直至啓手足而後己者此也○雲峯胡氏曰中庸所謂莫見乎隱莫顯乎微蓋本諸此 上文獨字便是隱微此所謂十目十手即是莫見莫顯○ 新安陳氏曰幽獨之中勿謂無視之無指之者當常如十目所共視十手所共指可畏之甚釋其嚴乎 備旨 然小人 之忽於獨者亦未知獨之可畏耳曾子平日有曰人以爲幽獨之中深僻隱奧人不之知也不知善惡纔有其意便有其象毋訓瞻視不及乃十目之所共視也毋曰指摘不及乃十手之所其指也幽獨之不可揜一至於此豈不嚴而可畏之甚乎

富潤屋이오 德潤身이라 心廣體胖ᄒᆞᄂᆞ니 故로 君子는 必誠其意니라 胖步丹反

富ᄂᆞᆫ 집을 潤ᄒᆞ고 德은 몸을 潤ᄒᆞᄂᆞᆫ디라 마ᄋᆞᆷ이 廣ᄒᆞᆷ의 體ㅣ 胖ᄒᆞᄂᆞ니 故로 君子난 반다시 그 意를 誠ᄒᆞᄂᆞ니라

胖、安舒也、言富則能潤屋矣、德則能潤身矣、三山陳氏曰財積於中則屋潤於外德積於中則身亦潤於外矣潤猶華澤也○新安陳氏曰此借富潤屋以起下句德潤身之意德如孟子所謂仁義禮智根於心潤身如所謂其生色見面盎背是也下文心廣體胖乃申言之 故、心無愧怍則廣大寬平而體常舒泰、德之潤身者、然也、蓋善之實於中而形於外者、如此故、又言此以結之 朱子曰富潤屋以下是說意誠之驗

如此心本是潤大底物事只因愧怍便卑狹被他隔礙了所以體不能得安舒○毋自欺是誠意自慊是意誠○小人閒居以下是形容自欺之情狀心廣體胖是形容自慊之意○無愧作是無物欲之蔽所以能廣大○三山陳氏曰心在內者也以理之無歉故能廣大體在外者也以心之旣廣故能舒泰人之一心少有所歉則視聽怵迫而舉動跼蹐雖吾四體將不得其所安矣皆自然五應也○上說小人實有是惡故形見於外此說君子實有是故其善亦形見於外○雙峯饒氏曰心不正何以能廣身不修何以能胖心廣體胖即心正身修之驗所以能心廣體胖只在於誠其意以此見誠意爲正心修身之要○玉溪盧氏曰前兩言必愼其獨此申言必誠其意三言必字示人可謂眞切○仁山金氏曰小人閒居以下自欺敗露之可畏德潤身心廣體胖自歉快足之可樂○雲峯胡氏曰孟子說浩氣處與此章意合不自欺即自反而縮自欺縮自反而不縮厭然即是氣餒心廣體胖即是浩然之氣○新安陳氏曰上文誠於中形於外是惡之實中形外者此是善之實中形外者[illegible]合而觀之誠意之功固在於愼獨矣苟知獨之當愼又豈無其驗哉彼聚財而富者裕於用自能潤屋矣況誠意而有德者根於心生於色有不能潤其身乎蓋身之所主者心也心之運於外者四體也意誠而有德則此心不愧不怍自然廣大寬平而發於四體不拘不迫自然從容舒泰德之潤身如此故君子必戒欺求慊而愼獨以誠其意也有志大學者可不以意誠爲急務哉

右난 傳之六章이니 釋誠意ᄒᆞ다 朱子曰許多病痛都在誠意章一齊說了下面有些小病痛亦輕可此章最緊切若透過此一關此去做工夫便易了由是而之便駸々

進於善而決不至下陷於惡矣 ○雙峯饒氏曰傳之諸章釋八事每章皆連兩事而言獨此章單擧誠意蓋知至意誠固是相因然致知屬知誠意屬行知行 畢竟是二事當各自用力不可謂知了便自然能行所以誠意章不連致知說者爲此正心誠意雖皆屬行然誠意不特爲正心之要自修身至平天下皆以此爲要故程子論天德與王道皆曰其要只在謹獨 天德即心正身修之謂王道即齊家治國平天下之謂謹獨即誠意之要旨若只連正心說則其意促狹無以見其功用之廣大如此也此章乃大學一篇之緊要處傳者於此章說得極痛切始言謹獨誠意之方也中言小人之意不誠所以爲戒也終言誠意之效驗所以者勸也

經에曰欲誠其意ㄴ댄先致其知라ᄒᆞ고又曰知至而后에意誠이라ᄒᆞ니蓋心體之明이有所未盡則其所發이必有不能實用其力而苟焉ᄒᆞ야以自欺者 朱子曰大學雖使人戒夫自欺而推其本則必其有以用力於格物致知之地然後理明心一而所發自然莫非眞實不然則正念方萌而私意隨起亦非力之所能制矣 ○若知有不至則其不至之處惡必藏焉以爲自欺之主雖欲致其謹獨之功亦且無主之能爲而無地之可據矣此又傳文之所未發而其理己具於經者皆不可以不察也○新安陳氏曰此言知不至則意不誠 然ᄒᆞ니或己明而不謹乎此則其所明이又非己有而無以爲進德之基ㅣ라 三山陳氏曰於知己至後亦非聽之自誠蓋無一刻不用其戒謹之功○新安陳氏曰此言知至後又不可不誠其意蓋誠意者進德之基本也 故로此章之指ㅣ必承上章而通考之然後에야有以見其用力之始終이니其序不可亂而功不可闕이如此云이라 玉溪盧氏曰由致知方能誠意此序之不可亂旣致知又不可不誠意此功之不可闕誠意至平天下序皆不可亂功皆不可闕序不可亂則不可躐等而進加不可闕則不可半途而廢云

所謂修身이在正其心者는身有所忿懥則不得其正ᄒᆞ고有所恐懼則不得其正ᄒᆞ고有所好樂則不得其正ᄒᆞ고有所憂患則

不得其正이니라 忿弗粉反懥勅値反好樂並去聲

일온바몸을닷금이그마암을正홈애잇다홈안마옴의忿懥ᄒᆞ논바를두면그正을得디못ᄒᆞ고恐懼ᄒᆞ논바를두면그正을得디못ᄒᆞ고好樂ᄒᆞ논바를두면그正을得디못ᄒᆞ고憂患ᄒᆞ논바를두면그正을得디못ᄒᆞᄂᆞ니라

程子曰身有之身、當作心○忿懥、怒也、懥字廣韻玉篇並陟利反○雙峯饒氏曰忿者怒之甚懥者怒之留 蓋是四者、皆心之用而人所不能無者、然、一有之而不能察 三山陳氏曰章句緊要說一察字亦非從外撰來蓋因下文心不在焉一句發出察者察乎理也○新安陳氏曰察之一字乃朱子推廣傳文之意使學者有下手處耳 則欲動情勝而其用之所行、或不能不失其正矣、問有所忿懥恐懼好樂憂患心不得其正是要無此數者心乃正乎程子曰非是謂無只是不以此動其心學者未到不動處須是執持其志○朱子曰大學格物誠意都己鍊成到得正心修身章都易了意有善惡之殊意或不誠則易於爲惡心有偏正之異心有不正則爲物欲所動未免有偏處却未必爲惡○四者只要從無處發出不可先有在心下須看有所二字如有所忿怒因人有罪而撻之纔了其心便平是不有若此心常常不平便是有○所謂有所是被他爲主於內心反爲他動也○心纔繫於物便爲所動所以繫於物者有三事未來先有箇期待之心或事己應過又留在心下不能忘或正應事時意有偏重都是爲物所繫縛便是有這箇物事到別事來到面前應之便差了如何心得其正聖人之心瑩然虛明看事物來若大若小四方八面莫不隨物隨應此心元不曾有這物事○如顔子不遷怒可怒在物顔子未嘗爲血氣所動而移於人也則豈怒而有不正哉○今人多是才怒雖有可喜事亦所不喜才喜雖有當怒之事來亦不復怒便是蹉過事理了蓋這物事纔私便不去只管在胷中推盪終不消釋使此心如大虛則應接萬務各止其所而我無所與可也看此一章只是要人不可有此心耳○問忿好自己事可勉强不爲憂患恐懼自外來不由自家曰便是外來須要我有道理處之事來亦合當憂懼但只管累其本心亦濟甚事孔子畏於匡文王囚姜里死生在前聖人元不動心處之恬然○或問大學不要先有恐懼中庸却要恐懼何也 西山眞氏曰中庸只是未形之時常々持敬令心不昏昧而已大學之恐懼却是俗語恐怖之類自與中庸有異○喜怒憂懼乃心之用非惟不能無亦不可無但平居無事之時不要先有此四者在胷中如平居先有四者卽是私意人若有些私意塞在胷中便是不得其正須是涵養此心未應物時湛然虛靜如鑑之明如衡之平到得應物之時方不差錯當喜而喜當怒而怒當憂而憂當懼而懼恰好則止更無過當如此方得本心之正○玉溪盧氏曰心者身之主而明德之所存也未應物之前寂然不動無所忿懥恐懼則心之本體無不正而明德之本體無不明方應物之際感而遂通當忿懥而忿懥當恐懼而恐懼則心之妙用無不正而明德之妙用無不明旣應物之後依舊寂然不動未嘗有所忿懥恐懼則心之本體終始無不正而明德之本體終始無不明也人患不識其本心耳唯虛故靈纔失其虛便失其靈此心之所以爲心而明德之所以爲明德也○雲峰胡氏曰心之体無不正所謂正心者正其心之用爾在止其心此正字是說正之之工夫蓋謂心之用或有不正不可不正之也不得其正此正字是說心之體本無不正而人自失之者也曰正其曰其正自分體用心之體本如大虛或景星慶雲或烈風雷雨而大虛自若人之一心豈能無喜怒憂懼然可怒則怒怒過不留可喜則喜喜已而休喜怒憂懼皆在物而不在我我雖日接乎物而不物於物此所以能全其本體之虛而無不正也或疑中庸首章先言存養而後言省察大學誠意言省察而欠存養殊不知此章正自有存養省察工夫忿懥恐懼等之未發也不可先有期待之心其將發也不可一有偏繫之心其已發也不可猶有留滯之心事之方來念之方萌是省察時節前念已過後事未來在養時節存養者此心本體之正省察者惟恐此心之用或失之不正而求以正之也宜仔細看章句之二察字及三四存察【備旨】經文所謂修身在正其心者何也蓋心者身之主本體原自虛靈一物不著若有所偏主於忿懥而不能察夫理則心卽爲忿懥所累而不得其正矣有所偏主於恐懼而不能察夫理則心卽爲恐懼所累而不得其正矣有所偏主於好樂而不能察夫理則心卽爲好樂所累而不得其正矣有所偏主於憂患而不能察夫理則心卽爲憂患所累而不得其正矣心之用失其正則心之本體安能得其正乎

心不在焉이면視而不見ᄒᆞ며聽而不聞ᄒᆞ며食而不知其味니라

ᄆᆞᄋᆞᆷ이 잇디 아니면 보아도 보지 못ᄒᆞ며 드러도 듣지 못ᄒᆞ며 먹어도 그 맛ᄉᆞᆯ 아지 못ᄒᆞ

느니라

心有不存則無以檢其身、是以君子、必察乎此而敬以直之然後、此心、常存而身無不脩也、朱子曰心若不存一身便無主宰○敬是常西此心在這裏直是直上直下無纖毫委曲○問視而不見聽而聞不只是說知覺之心却不及義理之心曰才知覺義理便在此才昏便不見了○雙峯饒氏曰四不得其正言心不正也視不見以下言身不修也言此而不言所以正心修身者己具於誠意章故也聲色臭味事物之粗而易見者耳心之精神知覺一不在此則於粗而易見者已不能見況義理之情者乎傳者之意蓋借粗以日精耳○蛟峯方氏曰上一節說有心者之病心不在焉一節說無心者之病上節說心不可有所偏主此節說心不可無所存主不可有者私主也不可無者主宰之主也心有存主則群妄自然退聽而心正身修矣然則中虛而有主宰者其正心之藥方也歟○新安陳氏曰朱子於此又下一察字且曰敬以直之以足大學本文末言之意提出正心之要法以示萬世學者[備旨]夫心旣不正則身在於此而心馳於彼心若外馳而冥然不在則以無檢其身目雖視而不見其色耳雖聽而不聞其聲口雖食而不知其味夫聲色臭味事物之粗而易見者耳心不在此則雖粗而易見者己不能見況義理之精者乎心不正而身不修有如此

此謂脩身이在正其心이니라

이닐온몸닷금이그마음을正홈의잇숨이니라

右는傳之七章이니釋正心修身ᄒᆞ다

此亦承上章、以起下章、蓋意誠則眞無惡而實有善矣、所以能存是心以檢其身、朱子曰意誠然後心得其正自有先後○新安陳氏曰此言意誠而後心可得而正蓋其序之不可亂者 然或但知誠意而不能密察此心之存否則又無以直內而修身也、新安陳氏曰此言誠意又不可不正其心乃其功之不可缺者○或謂意誠則正朱子曰不然這幾句連了又斷斷了又連雖若不相連綴中間又自相貫

譬如一竿竹雖只是一竿然其間又有許多節未誠則全體是私意更理會甚正心然意雖誠了又不可不正其心○或謂誠意則心之所發已無不實又何假於正心之功雲峯胡氏曰意欲實而心本虛實其意則好惡不偏於方發之初虛其心則喜怒不留於已發之後新安陳氏曰下一句只說得未一邊未見得四者心之用先本自虛中發出當添一句云虛其心則本體不偏於未發之先妙用不留於已發之後○東陽許氏曰蓋誠以下言誠意然後能正心然或以下言既誠意又須正心備旨大心不正則身不修可見身之修必由於心之正經文所謂欲修身先正心此之謂也

自此以下、並以舊文、爲正

所謂齊其家ㅣ在脩其身者ᄂᆞᆫ人이之其所親愛而辟焉ᄒᆞ며之其所賤惡而辟焉ᄒᆞ며之其所畏敬而辟焉ᄒᆞ며之其所哀矜而辟焉ᄒᆞ며之其所敖惰而辟焉ᄒᆞᄂᆞ니故로好而知其惡ᄒᆞ며惡而知其美者ㅣ天下애鮮矣니라 辟讀爲僻惡而之惡敖好並去聲鮮上聲

일은바 그 집을 가작기 흠이 그 몸을 닷금의 잇다 흠은 사람이 그 親愛ᄒᆞᄂᆞᆫ바의 辟ᄒᆞ며 그 賤惡ᄒᆞᄂᆞᆫ바의 辟ᄒᆞ며 그 畏敬ᄒᆞᄂᆞᆫ바의 辟ᄒᆞ며 그 哀矜ᄒᆞᄂᆞᆫ바의 辟ᄒᆞ며 그 敖惰ᄒᆞᄂᆞᆫ바의 辟ᄒᆞᄂᆞ니 故로 됴히 너기되 그 사오나옴을 알며 미워ᄒᆞ되 그 아름다오믈 알者ㅣ 天下의 적으니라

人、謂衆人、之、猶於也、辟、猶偏也 朱子曰古註辟音譬窒礙不通只是辟字便通況此篇自有僻字辟則爲天下僇是也 五者、在人、本有當然之則、然、常人之情、惟其所向、而不加察焉、新安陳氏曰此章朱子亦以察字言之與國本作察他本作審者非 則必

陷於一偏而身不修矣 西山眞氏曰偏之一字爲修身齊家之深病○朱子曰正心修身兩段大概接差錯皆非在人欲上皆是人合有底事如在官街上差了路○忿懥等是心與物時事處親愛等是身與物接時事○之所親愛如父子當主於愛然父有不義不可以不爭子有不肖亦不可不知敎之之所敬畏如君固當敬畏然君當正救責難也只管敬畏不得賤惡固可惡或尙可敎或有長處亦當知之○問敖惰恐非好事曰此如明鏡之懸姸醜隨其來而應之不成醜者至前亦喚做姸者又敖惰是輕賤惡是重旣賤惡得如何却不得敖惰然傳者猶戒其僻則須檢點不可有過當處○哀矜如大姦方欲懲之被他哀鳴懇告又却寬之這便是哀矜之偏處○五者各自有當然之則只不可偏如人饑而食只合當食食纔過些子便是偏濁而飮飮纔過些子便是偏如愛其人之善若愛其之過則不知其惡便是因其所重而陷於所偏惡々亦然下面說人莫知其子之惡莫知其苗之碩上面許多偏病不除必至於此○北溪陳氏曰敖只是簡於爲禮惰只是懶於爲禮有一等人上非可愛亦非可敬只是平平人接之自令人簡慢○○問人之其所親愛而辟焉一章終未見身與物接意思潛室陳氏曰接此五種人便有此五種辟豈不是身與物接○玉溪盧氏曰好而知其惡是親愛之不偏惡而知其美是賤惡之不偏二不偏惟明德無不明者能之所好且知其惡則一家孰敢爲惡所惡且知其美則一家孰不爲善如此則明德明於一家矣○勿軒熊氏曰親愛敬畏哀矜指所愛之人言有此三等賤惡敖惰指所惡之人言有此二等偏於愛則不知其人之惡偏於惡則不知其人之善上下文相照應如此○雲峯胡氏曰或疑敖惰不當有殊不知本文人字非爲君子言乃爲衆人言章句曰衆人又曰常人是也衆人中固自有偏於敖惰之人如下文人莫知其子之惡苗之碩亦泛言多溺愛貪得之人也兩人字示戒深矣 補曰經文所謂齊其家在修其身者何也蓋身與人接情之所向各有當然之則但常人各有偏徇於其骨肉之間爲所親愛或不制以義理而辟焉於其卑汚之人爲所賤惡或不復加之寬厚而辟焉於其尊長之倫爲所畏敬或過於屈抑而辟焉於其窮困之人爲所哀矜或流於姑息而辟焉至於非可愛非可敬之人令人接之簡於爲禮是所敖惰也或遂至驕肆而辟焉夫親愛畏敬哀矜好之屬也豈其中盡無惡乎賤惡敖惰惡之屬也豈其中盡無美乎而皆一於偏辟如此故於所好而能知其惡所惡而能知其美者雖正心以後猶難言之求之天下蓋亦鮮矣

故로 諺에 有之하니 曰人이 莫知其子之惡하며 莫知其苗之碩이라하니라 諺音

彥碩叶韻
時若反
故로諺에잇스니길오ᄃᆡ사람이그子의사오나옴을아지못ᄒᆞ며그苗의크물아지못
ᄒᆞᆫ다ᄒᆞ니라
諺、俗語也、溺愛者、不明、貪得者、無厭、是則偏之爲害而家之所以不齊也、雙峯饒氏曰之
其親愛等而辟者言身之不修也莫知其子之惡言家之不齊也 大意謂惟其溺於一偏故好不知其惡惡不知其
美惟其身不修故家不齊看兩故字人之其所親愛而辟爲凡爲人者 言莫知子之惡故擧家之一端言之 ○玉溪
盧氏曰子之惡苗之碩皆就家而言○ 雲峯胡氏曰心與物接唯怒最易發而難制 所以前章以忿懥先之身與事
接唯愛最易偏故此章以親愛先之至引諺曰 只是說愛之偏處人情所易偏者愛爲尤甚 況閨門之內義不勝恩
情愛比昵之私尤所難克身所以不修家所以不齊者 其深病皆在於此 備旨故諺有之曰人情溺愛則不明有
其子不肖而莫知其惡者貪得則無厭有其苗已盛而莫知其碩者 諺之所言如此正謂常人之情好惡易偏也

此謂身不修면不可以齊其家라니

이일온몸이닥디아니면可히써그집을가작기ᄒᆞ지못홈이니라
問如何修身專指待人而言朱子曰修身以後 大概說向接物待人去又與只說心處不同要之根本之理則一但
一節說濶一節去 ○錢氏曰上章四箇有所字此章六個辟字其實皆心之病但上四者 只是自身裏事此六者却
施於人卽處家之道也 ◯雙峯饒氏曰身以心爲之主而心以意爲之機人所以之其親愛等而辟者 以其心之不
正耳心所以有忿懥等則不得其正者以其意之不誠耳意苟誠矣 則忿懥等之必謹其獨而毋敢失其正親愛等
之必謹其獨而毋敢流於僻是知誠意卽正心修身之要也 章句所以丁寧之以密察加察卽謹獨之謂也 有所忿
懥等而能密察是謹獨以正其心也之其所親愛等而能加察是謹獨以修其身也 章句於二章察之一字凡四言
之省察之工夫 豈非自誠意章之釋謹獨而發哉 不特正心修身章爲然也 由是而 齊家治國平天下 無徃不自
謹獨出焉 傳於釋齊家治國章曰心誠求之釋平天下章曰忠信以得之曰誠求曰忠信 皆誠其意之謂也誠其意

卽謹獨之謂也故程子論天德王道皆曰其要只在謹獨論出門使民亦曰惟謹猥便是守之其法可謂得其要矣【備旨】即人情好惡之辟及諺語觀之此謂身不修也則凡偏好惡之所及必不能使之各得分之矣可以齊其家也哉經文所謂欲齊家先修身也

右ᄂᆞᆫ傳之八章이니釋修身齊家ᄒᆞ다

所謂治國이必先齊其家者ᄂᆞᆫ其家를不可敎오而能敎人者ㅣ無之ᄒᆞ니故로君子ᄂᆞᆫ不出家而成敎於國ᄒᆞᄂᆞ니孝者ᄂᆞᆫ所以事君也ㅣ오弟者ᄂᆞᆫ所以事長也ㅣ오慈者ᄂᆞᆫ所以使衆也ㅣ니라 弟去聲長上聲

일온바나라ᄒᆞᆯ 다ᄉᆞ리미반다시몬져그집을가작기ᄒᆞᆯ거시라ᄒᆞᆷ은그집을可히敎치못ᄒᆞ고能히사ᄅᆞᆷ을敎ᄒᆞᆯ者ㅣ업ᄉᆞ니故로君子ᄂᆞᆫ집의나지아니ᄒᆞ야셔敎ㅣ나라희이ᄂᆞ니孝ᄂᆞᆫ써君을셤기ᄂᆞᆫ배오弟ᄂᆞᆫ써長을셤기ᄂᆞᆫ비오慈난써衆을브리난배니라

身修則家可敎矣因家不可敎而推家所以可敎之由實自修身始 孝弟慈、所以修身而敎於家者也、然而國之所以事君事長、使衆之道不外乎此、此字指孝弟慈而言 此所以家齊於上而敎成於下也、朱子曰上面說不出家而成敎於國下面便說所以敎者如此此三者便是敎之目○孝者所以事君弟者所以事長慈者所以使衆此道理皆是我家裏做成了天下人看著自能如此不是我推之於國 ○孝以事親而使一家之人皆孝弟以事長而使一家之人皆弟慈以使衆而使一家之人皆慈是乃成敎於國者也○陳氏曰在我事親之孝即國之所以事君者在我事兄之弟即國之所以事長者在我愛子之慈即國之所以使衆者能修之於家則敎自行於國矣

○玉溪盧氏曰孝弟慈三者明德之大目人倫之大綱擧此可該其餘矣○雲峯胡氏曰修身以上皆是學之事齊家治國方是敎之事所以此章首拈出敎之一字然其所以爲敎者又只從身上說來孝弟慈所以修身而敎於家者也獨擧三者蓋從齊家上說一家之中有父母故曰孝有兄長故曰弟有子弟僕隷故曰慈事君事長使衆方從治國上說○吳氏曰傳只言治國先齊其家章句並修身言之推本之論也孝弟慈體之身則爲修其身行之家則爲齊其家推之國則爲治其國天理人倫一以貫之而已況家有父猶國有君家有兄猶國有長家有幼猶國有衆分雖殊理則一也備旨經文所謂治國必先齊其家者何也蓋身修則家可敎而後國可治也苟身不修則其家已不可敎而能敎一國之人者必無是理矣故治國君子不出修身敎家之道而標準已立自成其敎化於國所以然者國之理同耳如家有親而在家事親之孝即國之所以事君之理也家有兄而在家事兄之弟即國之所以事官長之理也家有幼而在家撫幼之慈即國之所以使衆之理也此君子所以不出家而成敎於國也

康誥에曰如保赤子ㅣ라ᄒᆞ니心誠求之면雖不中이나不遠矣니未有學養子而后에嫁者也ㅣ니라 中去聲

康誥에ᄀᆞᆯ오ᄃᆡ赤子를保ᄒᆞᆷᄀᆞᆺ치ᄒᆞ라ᄒᆞ니마암에誠으로求ᄒᆞ면비록中치못ᄒᆞᄂᆞ머지아니ᄒᆞᄂᆞ니子養ᄒᆞᆷ을배혼후에嫁ᄒᆞᆯ者ㅣ잇지아니ᄒᆞᄂᆞ니라

此、引書而釋之、又明立敎之本、不假强上聲爲、在識其端而推廣之耳、朱子曰孝弟雖人所同有能守而不失者鮮惟保赤子罕有失者故特即人所易曉者以示訓亦與孟子言見孺子入井之意同○保赤子慈於家也如保赤子慈於國也保赤子是慈如保赤子是使衆心誠求赤子所欲於民亦當求其不能自達者此是推慈幼之心以使衆也○此且只說動化爲本未說到推上後方全是說推○黃氏曰言但以誠心求之則自然得赤子之心不待勉强而後知之也○三山陳氏曰赤子有欲不能自言慈母獨得其所欲雖不中亦不遠者愛出於誠彼已不隔以心求之不待學而後能也○玉溪盧氏曰引書即慈之道以明之也孝道之本立敎之本者明德是已在識其端者明德之發見爲孝弟慈是已○仁山金氏曰此段章句本章首敎字三者俱作敎說不作推說立敎之本說孝弟慈不假强爲說未有學養子而后嫁在識其端而推慈之說心誠求之○雲峯胡氏曰孝弟慈皆人心之天此獨言慈者世敎衰孝弟或有失其天者獨母之保赤子慈之天未有失者也大要只在心誠求之一句上擧其慈之出於天者庶可以觸其孝弟之天孝弟亦在乎誠而已○新安陳氏曰立敎之本總言孝弟慈傳引書只言慈幼章句乃總三者言之蓋因慈之良知良能而知孝弟之良知良能皆不假於强爲只在識其端倪之發見處而從此推廣去耳○東陽許氏曰保赤子是父母愛子之心如保者是言君養民亦當如父母之保赤子赤子不能言父母保之雖不中不遠況民之能言而意易曉者所欲與之聚所惡勿施雖不中民之心亦不遠矣[illegible]然此孝弟慈之理豈假於强爲哉即慈幼一端言之康誥曰人君保民如保赤子蓋以赤子有欲不能自言爲之母者本吾心之誠以求之雖或不能悉中其欲亦不致大相遠矣此豈待學而能世未有先學養子之法而后嫁者也[illegible]之旨如保者以此夫使衆之道不出慈幼而慈幼之心又非待於强爲則事君之孝事長之弟亦何以異於此哉

一家ㅣ仁이면一國이興仁ᄒᆞ고一家ㅣ讓이면一國이興讓ᄒᆞ고一人이貪戾ᄒᆞ면一國이作亂ᄒᆞᄂᆞ니其機如此ᄒᆞ니此謂一言이僨事ㅣ며一人이定國이니라　僨音奮

ᄒᆞᆫ집이仁ᄒᆞ면ᄒᆞᆫ나라히仁에興ᄒᆞ고ᄒᆞᆫ집이讓ᄒᆞ면ᄒᆞᆫ나라히讓에興ᄒᆞ고ᄒᆞᆫ사ᄅᆞᆷ이貪ᄒᆞ며戾ᄒᆞ면ᄒᆞᆫ나라히亂을作ᄒᆞᄂᆞ니그機ㅣ이ᄀᆞᆺ타니이닐온ᄒᆞᆫ말이일을僨ᄒᆞ며ᄒᆞᆫ사ᄅᆞᆷ이나라흘定홈이니라

一人、謂君也、機、發動所由也、僨、覆敗也、此、言教成於國之效、朱子曰一家仁一國興仁一家讓一國興讓自家禮讓有以感之故民亦如此興起自家好爭利却責民間禮讓如何得他應○一家仁以上是推其家以治國一家仁以下是人自化之也○雙峯饒氏曰仁讓是本上文孝弟而言仁屬孝讓屬弟貪戾者慈之反也上言不出家而成敎於國底道理此言不出家而成敎於國底効驗○玉溪盧氏曰仁讓善也揮上文孝弟言貪戾惡也貪則不讓戾則不仁有善無惡之理雖原於天而爲善底惡之機實由於君仁讓之化必待行於家而後行於國貪戾之失才自於君而即見於國從善如登見其難從惡如崩見其易機之所在可畏如此可不謹歟僨事定國蓋古語觀此謂二字可見引以證上文○仁山金氏曰定國謂之一人蓋總一身而論僨事謂之一言則不過片言之間善惡功效之難易尤爲可懼也己○新安陳氏曰一家仁讓而一國仁讓家齊而國治也一人才貪戾而一國即作亂身不修則家國即不齊不治也機者弩牙矢之發動所由譬仁讓之興其機由一家悖亂之作其機由一人故總斷云其機如此一言僨事結作亂句一人定國結興仁讓句○東陽許氏曰仁讓必一家方能一國化貪戾只一人便能一國亂至於僨事又只在人之一言以此見爲善難爲惡易不可忽如此

備旨誠使君子能盡孝弟慈之道以敎於家使一家之中藹然有恩而肫々乎其仁則一國之人莫不興起而爲仁矣能以讓敎於家使一家之中秩然有禮而怡怡以相讓則一國之人莫不興起而爲讓矣此正所謂不出家而成敎於國者也向使一人貪戾無仁讓之德則一國作亂無仁讓之風矣是則一國之仁讓由於一家一國之作亂由於一人可見上以此感則下以此應其機關發動處自然感應至速毫不僭差如此此所謂一言之失足以敗事一人之正足以定國者也君子安得不戒貪戾以絶禍難之端而行孝弟慈以爲定國之本哉

堯舜이 帥天下以仁ᄒᆞ신ᄃᆡ 而民이 從之ᄒᆞ고 桀紂ㅣ 帥天下以暴ᄒᆞᆫᄃᆡ 而民이 從之ᄒᆞ니 其所令이 反其所好ㅣ면 而民이 不從ᄒᆞᄂᆞ니 是故로 君子ᄂᆞᆫ 有諸己而後에 求諸人ᄒᆞ며 無諸己而後에 非諸人ᄒᆞᄂᆞ니 所藏乎身

이

不恕오ㅣ而能喩諸人者ㅣ未之有也ㅣ니라 好去聲

堯와舜이天下帥ᄒᆞ심을仁으로써ᄒᆞ신ᄃᆡ民이좃고桀과紂ㅣ天下帥ᄒᆞᆷ을暴로써ᄒᆞᆫᄃᆡ民이조차니그令ᄒᆞᄂᆞᆫ배그됴히너기ᄂᆞᆫ바의서反ᄒᆞ면民이좃디아니ᄒᆞᄂᆞ니이런故로君子ᄂᆞᆫ몸의둔後에ᄉᆞᄅᆞᆷ의게求ᄒᆞ며몸의업슨後에ᄉᆞᄅᆞᆷ의게외다ᄒᆞᄂᆞ니몸의藏ᄒᆞᆫ배恕못ᄒᆞᆫ거시오能히ᄉᆞᄅᆞᆷ의게喩ᄒᆞᆯ者잇디아니ᄒᆞ니라

此、又承上文一人定國而言、新安陳氏曰民之仁暴惟上所帥帥之以所好則民從如好暴而令以仁所令與所好反民不從矣 有善於己然後、可以責人之善、無惡於己然後、可以正人之惡、皆推己以及人、所謂恕也、較峯方氏曰此章是如治己之心以治人之恕絜矩章是如愛己之心以愛人之恕 不如是則所令、反其所好而民不從矣、喩、曉也、問此章言治國乃言帥天下以仁又似說平天下言有諸己又似說修身何也朱子曰聖賢之文簡暢身是齊治平之本治國平天下自是相關豈可截然不相入〇 尋常人若有諸己又何必求諸人無諸己又何必非諸人如孔子說躬自厚而薄責於人攻其惡無攻人之惡至於大學之說是有天下國家者勢不可以不責他大抵治國者禁人惡勸人善便是求諸人非諸人〇三山陳氏曰己有此善然後可以求人有此善己無此惡然後可以非人有此惡皆己先之也〇 雙峯饒氏曰無善而欲責人有惡而欲禁人是無己可推而欲及人也此章雖釋齊家治國然自一人貪戾以下皆歸重人主之身此乃極本窮原之論問恕者推己及人却說所藏乎身曰章有首有尾藏乎身者其首及人者其尾也忠是恕之首治國平天下章皆說恕此章言有諸己無諸己是要人於修己上下工夫其重在首下章言所惡於上無以使下等是要人於及人上下工夫其重在尾兩章互相發明〇 仁山金氏曰治國者必有法制號令以禁民爲非而律民以善雖桀紂之世亦所必有但其所好則不若此故民從其所好不從其所令 所以治國者在反求諸己乃政令之本〇藏乎身者自其盡己處言之恕者自其推己處言之 所藏 所指 有諸己 無諸己者也 恕是指 求諸人 非諸人 者也所藏乎身不恕謂所藏於己者未有可推以及人如何能喩諸人然所謂堯舜帥天下以仁以己及物者也仁也所謂有諸己而後求諸人無諸己而後非諸人推己及物者也恕也至所謂桀紂帥天下以暴不仁者也所藏乎身不恕反上文也○雲峯胡氏曰此一恕字人皆知其以推己之恕言不知藏乎身三字已帶盡己之忠言矣此章有無二必自誠意章相貫說來天下未有無忠之恕上文心誠求之即是誠意之誠非有二也誠意者如惡惡臭如好好色皆務決去而求必得之求必得之則有諸己矣務決去之則無諸己矣○新安陳氏曰有善無惡於己盡己之忠也推己而責人正人由忠以爲恕也忠即恕之藏於內者恕即忠之顯於外者所藏乎身不恕無藏於內之忠而欲爲恕是乃程子所謂無忠做恕不出者也其能喩人者無之 [illegible] 夫以一人之身足以定一國之大者亦以一國之德化自一人而出一國之政令自一人而推耳彼堯舜躬行孝弟慈之德而帥天下以仁民亦觀感而從其仁桀紂不孝不弟不慈而何天下以暴民亦效尤而從其暴機甚捷也夫桀紂之時何嘗不令民以仁但所好者暴而所令者仁是所令反其所好矣民豈有舍好而從令者乎民從好而不從令如是是故君子必有孝弟慈之善於己而后可出令以責人之善無不孝不弟不慈之惡於己而后可出令以禁人之惡此乃推己及人所謂恕也若吾身未能有善而無惡而欲令人爲善以去惡則是藏乎身者不恕而能使人改適遷善以從其令者未之有也

故로治國이在齊其家ㅣ니라

故로나라홀다사림이그집을가작기홈의잇ᄂᆞ니라

通結上文이라 [illegible] 合而觀之可見一身之擧動一家之趨向關焉一家之習尙一國之觀瞻係焉故治國者在乎修身以齊其家也

詩云桃之夭夭ㅣ여其葉蓁蓁이로다之子于歸여宜其家人이라ᄒᆞ니宜其家人而后에可以敎國人이니라

夭平聲蓁音臻

詩에닐오ᄃᆡ桃의夭夭홈이여그닙피蓁蓁ᄒᆞ도다之子의歸홈이여그家人을宜ᄒᆞ리

로다ᄒᆞ니 그 家人을 宜ᄒᆞᆫ 后에 可히 써 國人을 가ᄅᆞ칠이니라

詩、周南桃夭之篇、夭夭、少去聲 好貌也小嫩 蓁蓁美盛貌、興去聲也於六義屬興 之子、猶言是子、此、指女子之嫁者而言也、婦人、謂嫁曰歸、宜、猶善也、玉溪盧氏曰可以敎國人應其家不可敎而能敎人者無之之意 備旨齊治之理詩嘗詠之矣周南桃夭之詩有云桃之爲木夭夭而少好其葉蓁蓁而美盛之子乘此時而于歸有以宜一家之人夫治國之君子必能修身以宜其家人而后可以敎國人使亦宜其家人有如此矣

詩云宜兄宜弟라ᄒᆞ니 **宜兄宜弟而后**에 **可以敎國人**이니라

詩에 닐오ᄃᆡ 兄을 宜ᄒᆞ며 弟를 宜ᄒᆞ다 ᄒᆞ니 兄을 宜ᄒᆞ며 弟를 宜ᄒᆞᆫ 후에 可히 써 國人을 가ᄅᆞ칠이니라

詩、小雅蓼音六蕭篇 備旨小雅蓼蕭之詩美諸侯云君子在國弟善其兄兄善其弟夫治國之君子必能修身以宜兄宜弟而后可以敎國人使亦宜其兄弟有如此矣

詩云其儀不忒이라 **正是四國**이라ᄒᆞ니 **其爲父子兄弟**ㅣ **足法而后**에 **民**이 **法之也**ㅣ니라

詩에 닐오ᄃᆡ 그 儀ㅣ 그ᄅᆞ지 아니ᄒᆞᆫ지라 이 四國을 正ᄒᆞ리로다 ᄒᆞ니 그 父子와 兄弟ㅣ 된 이 足히 法ᄒᆞᆫ 후에 民이 法ᄒᆞᄂᆞ니라

詩、曹風鳲音尸鳩篇、忒、差也、問父子兄弟足法而後民法之然堯舜不能化其子周公不能和兄弟是如何朱子曰聖賢是論其常堯舜周公是處其變如不將天下與其子而傳賢

便是能處變得好若周公不辟管叔周如何不亂是不得已著恁地而今且理會常底今未解有父如瞽瞍兄弟如管蔡未論到變處○三山陳氏曰說正四國及仁帥天下皆是說到極處○玉溪盧氏曰父子兄弟足法儀之不忒也民法之四國之正也教國人是治國之事所以明明德於其國民法之是國治之事則明德明於其國矣○新安陳氏曰足法家齊而可以示法於人也民法之國人取法於己也 備旨 曹風鳲鳩之篇美君子云人君之儀有常而不差忒便能正彼四國之人夫治國之君子必其所以爲父爲子爲兄弟者足爲人之法則而后民之爲父爲子爲兄弟者皆觀感而法之也有如此矣

此謂治國이 **在齊其家**ㅣ니라

이닐온나라흘다사림이그집을가조기홈의잇슴이니라

此三引詩、皆以詠歎上文之事而又結之如此、其深味長、最宜潛玩、三山陳氏曰古人凡辭有盡而意無窮者多援詩以吟詠其餘意○玉溪盧氏曰此章言治國甚略言齊家甚詳所以明齊家之道即治國之道以人同此心心同此明德故也○仁山金氏曰三引詩首引之子宜家繼引宜兄宜弟何也蓋天下之未易化者婦人而人情之每易失者兄弟齊家而能使之子之宜家兄弟之相宜則家無不齊者矣宜乎其儀不忒而足以正是四國也自修身而齊家自齊家而治國而平天下有二道焉一是化一是推化者自身致而動化也推者推此道而廣充之也故此一章並含兩意自章首至成教於國一節是化三所以是推如保赤子繼慈者使衆而言是推一家仁以下一節是化帥天下一節是化有諸己一節繼所令反其所好而言是推三引詩是化惟化則可推惟推則皆化非化則推不行非推則化不周○雲峰胡氏曰中庸引詩明行遠自邇之意必先妻子好合而後兄弟旣翕此三引詩首以婦人之宜家人而繼以宜兄弟蓋家人離必起於婦人非刑於寡妻者未易至于兄弟亦未易御于家邦也其示人以治國之在齊其家也益嚴矣○東陽許氏曰三引詩自內以至外婦人女子最難於化而夫婦之閒常人之情最易失於動不以正化能行於閨門則德盛矣故引詩言夫婦爲首而兄弟次之總一家言者又次之 備旨 三詩所言或言家不言國或言國不言家辭雖不同而皆本於修身以齊其家家齊而國治矣詩與經文不益相發明乎

右는傳之九章이니釋齊家治國ᄒᆞ다

所謂平天下ㅣ在治其國者는上이老老而民이興孝ᄒᆞ며上이長長而民이興弟ᄒᆞ며上이恤孤而民이不倍ᄒᆞᄂᆞ니是以로君子는有絜矩之道也ㅣ니라 長上聲弟去聲倍與背同絜胡結反

닐온바天下를平히홈이그나라흘다사림의잇다홈안上이늙근이를늙근이로ᄒᆞ욤애民이孝에興ᄒᆞ며上이얼운을얼운으로ᄒᆞ욤애民이弟에興ᄒᆞ며上이孤를恤홈애民이倍티아니ᄒᆞᄂᆞ니일로써君子ㅣ矩로絜ᄒᆞᄂᆞᆫ道ㅣ잇ᄂᆞ니라

老老、所謂老吾老也、興、謂有所感發而興起也、孤者、幼而無父之稱、絜、度待洛反下同也、矩、所以爲方也、矩者制方之器俗呼曲尺此借以爲喩 言此三者、上行下效、捷疾業反於影響、所謂家齊而國治也、新安陳氏曰上行謂老老長長恤孤下效謂民興孝興弟不倍此即上章孝弟慈所以不出家而成敎於國者章句接上章說下來 亦可以見人心之所同而不可使有一夫之不獲矣 新安陳氏曰可見人同欲遂其孝弟慈之心便當平其政以處之不可使有一人之不得其所也 是以、君子、必當因其所同、推以度物、物即人也 使彼我之間、各得分上聲願則上下四旁、均齊方正而天下平矣、朱子曰老老長長恤孤方是就自家切近處說所謂家齊也民興孝興弟不倍是就民之感發興起處說治國而國治之事也上行下效感應甚速可見人心所同者如此是以君子有絜矩之道也此

然耳如政煩賦重不得養其父母畜其妻子又安得遂其善心須是推己之心以及於彼使彼仰足以事俯足以育
方得○能使人興起者聖人之敎化也能遂其興起之心者聖人之政事也矩者心也我心所欲即他人所欲我欲
孝弟慈必使他人皆如我之孝弟慈不使一夫而不獲方可只我能如此他人不能如此即是不平矣○絜矩不是
外面口別有箇道理 只便是前 面正心修身底推而借之○問絜矩之道是廣仁之用否曰 此乃求仁工夫正要
著力若仁者只是舉而措之耳不待絜矩而自無不平矣絜矩正是恕者之事○興孝興弟不倍上行下効之意上
章己言之矣此章再舉之者乃欲引起下文君子必須絜矩然後可以平天下之意不然則雖民化其上以興於善
句方是引起絜矩事下面方說絜矩而結之云此之謂絜矩之道○絜矩之說不在前數章却治國平天下章到此
是節次成了方用得○先說上行下效到絜矩處是就政事上說若但興起其善心不使得遂其心雖能興起亦徒
而天下終不免於不平也故一此章首尾皆以絜矩之意推之而未嘗復言躬行化下之說○問上老老而民興孝
下面接 是以君子有絜矩之道也似不相續如何曰這個是相續絜矩 是四面均平底道理敎他各得老其老各
得長其長 各得幼其幼不成自家老 其老敎他不得老其老長其長 敎他不得長其長幼其幼敎他不得幼其幼
便不得是以二字是結上 文猶言君子爲 是之故所以絜矩之道○絜矩如 自家好安樂 便思他人亦欲安樂當
使無老稚轉乎溝壑壯者散而之四方之患制其田里敎之樹畜皆比以推之○雙峰饒氏曰矩所以爲方之具也
匠欲爲方必度之 以矩欲平天下者 以何物爲矩而度之 亦惟此心而已絜者以索圍物而 知其大小度之義也
匠之度物以矩爲矩君子之度人以心爲矩 ○玉溪盧氏曰矩猶則也明德至善吾心本然之則也 以此齊家絜
矩於家也以此治國絜矩於國也以此平天下絜矩於天下也絜矩之道即明明德於天下之道也 ○仁山金氏曰
首三句是化絜矩是推既有以化之而興其孝弟不倍之心必有以推之而遂其孝弟不倍之願推之者莫大於從
其所好勿施所惡所好在因其利所惡在奪其利○雲峰胡氏曰此章當分爲八節右第一節言所以有絜矩之道
夫子十五志學即此所謂大學志學以下分知行到末節方言不踰矩是生知安行之極致大學格物而下亦分知
行到末章亦言絜矩是致知力行之極功矩者何人心天理當然之則也吾心自有此天則聖人隨吾心之所欲自
不踰乎 此則攸曰不踰矩人心同有此天則學者即吾心之所欲 以爲施於人之則故曰絜矩只是一個矩字但
不踰矩 之矩渾然在聖人方寸中 是矩之體絜矩之矩於人己交接之際 見之是矩之用規矩皆法度之器 此獨
曰矩者規圓矩方圓者動而方者止不踰此即是明德之止至善絜矩是即新民之止至善備旨經文所謂平天下
在治其國者何也試觀國人之化在於家則知天下之本在國矣彼家國天下之人不一老長幼盡之矣上能老吾

老以孝敎家而國之民亦觀感與孝有不愛親者誰也上能長吾長以弟敎家而國之民亦觀感與弟有不敬長者誰也上能恤吾幼以慈敎而國之民亦不倍而興慈有不恤幼者誰也夫國人之心旣不異於家而天下人之心獨異於國乎是以平天下君子有絜矩之道度其必同之心處以各當之理使天下有是孝弟慈之願者皆得隨分自盡也天下有不平者乎

所惡於上으로毋以使下ᄒᆞ며所惡於下로毋以事上ᄒᆞ며所惡毋前으로毋以先後ᄒᆞ며所惡於後로毋以從前ᄒᆞ며所惡於右로毋以交於左ᄒᆞ며所惡於左로毋以交於右ㅣ此之謂絜矩之道니라 惡先並去聲

上에아쳐ᄒᆞᄂᆞᆫ바로써下를부리지말며下에아쳐ᄒᆞᄂᆞᆫ바로써上을셤기지말며前에아쳐ᄒᆞᄂᆞᆫ바로써後에몬져말며後에아쳐ᄒᆞᄂᆞᆫ바로써前에從치말며右에아쳐ᄒᆞᄂᆞᆫ바로써左에交치말며左에아쳐ᄒᆞᄂᆞᆫ바로써右에交치말옴이이를닐온矩로絜ᄒᆞᄂᆞᆫ道ㅣ니라

此、覆解上文絜矩二字之義、如不欲上之無禮於我則必以此、度下之心而亦不敢以此無禮、使之、不欲下之不忠於我則必以此、度上之心而亦不敢以此不忠、事之、至於前後左右、無不皆然則身之所處、上聲 上下四旁、右下已見上文前後左上爲四旁四旁即四方也 長短廣狹、彼此如一而無不方矣、彼、同有是心而興起焉者、又豈有一夫之不獲哉、新安陳氏曰有此絜矩之道以處之則始焉興起其孝弟不倍之心者今果得以遂其心矣 所操平聲者、約而所及者、廣 雲峯胡氏曰只一矩字此心所操者約加一絜字此心所及者廣此、平天下之要道也、故、章內之意、皆自此而推之、朱子曰上下前後左右都只一樣心只是將那頭折轉來比這頭在我上者使我如此而我惡之更不將待在下之人如此則自家在中央上面也占許多地步下面也占計多地步便均平方正若下之事我如此而我惡之我若將去事上便下面長上面短不方了左右前後皆然〇譬如交代官前官之待我既不善吾無以前官所以待我者待後官也左右如東西隣以隣國爲壑是所惡於左毋以交於右可也上下前後左右做九個人來看便見〇己欲立而立人己欲達而達人是兩摺說孝以己對人言若絜矩則上之人所以待我又以思待下之人是三摺說如中庸所求乎子以事父未能亦是此意但中庸是言其所好此言其所惡也人莫不有在我之上者莫不有在我之下者如親在我之上子孫在我之下我欲子孫孝於我而我却不能孝於親我欲親慈於我而我却不能慈於子孫便是一畔長一畔短不是絜矩〇問長短　狹如一而無不方在人有天子諸侯大夫士庶人之分何以使之均平曰非言上下之分欲使之均平蓋事親事長當使之均平上下皆得行之上之人得事其親下之人亦得事其親但各隨其分得盡其事親事長之意耳〇雙峯饒氏曰以上下左右前後言則我當其中上之使我猶我之使下下之事我猶我之事上至於左右前後皆然故皆不當以所惡者及之然以上之使我者使下而不以事上以下之事我者事上而不以使下則上下之分殊矣以前之先我者先後而不以從前以後之從我者從前而不以先後則前後之分殊矣是理一之中又有分殊者存此所以異於墨氏之兼愛佛法之平等也〇雲峯胡氏曰右第二節言此之謂絜矩之道須看是以有此之謂六字人之心本無間於己是以有絜矩之道己之心能不間於人此之謂絜矩之道〇新安陳氏曰下文節節提掇能絜矩與不能絜矩者之得與失皆是自此一節而推廣之(備旨)絜矩之義何如彼人一身所處有上下前後左右之不同而其心則同也如我居人下所惡於在上之使我者則必以此度下之心而毋以所惡者使下如我居人上所惡於在下之事我者則必以此度上之心而毋以所惡者事上如我居人後所惡於前人之先我者則必以此度後者之心而毋以所惡者先後如我居人前所惡於後人之從我者則必以此度前者之心而毋以所惡者從前如我居人左所惡於右者之交於我則必以此度左者之而心毋以所惡者交於左如我居人右所惡於左者之交於我則必以此度右者之心而毋以所惡者交於右夫在我既不施其所惡則在人自得其所願上下四旁均齊方正而無有餘不足之處絜矩之道此之謂也

詩云樂只君子여 民之父母ㅣ라ᄒᆞ니 民之所好를 好之ᄒᆞ며 民之所惡

를**惡之ㅣ此之謂民之父母ㅣ니라** 樂音洛只音紙好惡並去聲下並同

詩예닐오듸나온君子여民의父母라ᄒᆞ니民의됴하ᄒᆞᄂᆞᆫ바를됴히너기며民의아쳐ᄒᆞᄂᆞᆫ바를아쳐홈이이를닐온民의父母ㅣ니라

詩、小雅南山有臺之篇、只、語助辭、言能絜矩而以民心、爲己心則是、愛民如子而民、愛之如父母矣、

此言能絜矩之効○東陽許氏曰言上之人能如愛子之道愛其民則下民愛其上如愛父母然愛民之道不過順其好惡之心而已大約言之民所好者飽暖安樂所惡者饑寒勞苦使民常得其所好而不以所惡之事加之則愛民之道也【備旨】是道也得之則爲父母失之則爲天下僇小雅南山有臺之詩云樂只之君子爲民之父母詩美諸侯如此夫君子何以爲民之父母也蓋父母於子好惡無不與同今君子於民之所好則爲之好之以順其欲於民之所惡則爲之惡之以去其害此之謂愛民如子而民愛之如父母矣此好惡能絜矩之効也

詩云節彼南山이여**維石巖巖**이로다**赫赫師尹**이여**民具爾瞻**이라ᄒᆞ니**有國者**ㅣ**不可以不愼**이니**辟則爲天下僇矣**니라 節讀爲截辟讀爲僻僇與戮同

詩에닐우듸節ᄒᆞᆫ뎌南山이여石이巖巖ᄒᆞ도다赫赫ᄒᆞᆫ師ㅣ언君이여民이다너를본다ᄒᆞ니나라홀둔ᄂᆞᆫ者ㅣ可히써삼가지아니티못ᄒᆞᆯ거시니辟ᄒᆞ면天下의僇이되ᄂᆞ니라

詩、小雅南山之篇、節、截然高大貌、師尹、周太史尹氏也、具、俱也、辟、偏也、言在上者、人所瞻仰、不可不謹、若不能絜矩而好惡徇於一己之偏則身弒國亡、爲天

下之大戮矣、

此言不能絜矩之禍與上一節正相反者也（太史之史唐本作師）【節旨】小雅節南山之詩云節
彼南山維石巖巖而高峻況今赫赫之師尹民豈不俱於爾是瞻仰乎詩刺尹氏不平如此節
此可見凡有國者好惡不可以不愼若徇於一己之偏則身
與國俱亡爲天下之大僇矣可不愼哉此不能絜矩之禍也

詩云殷之未喪師에 克配上帝러니 儀監于殷이어다 峻命不易라ᄒᆞ니
道得衆則得國ᄒᆞ고 失衆則失國이니라

喪去聲儀詩作宜
峻詩作駿易去聲

詩에닐오ᄃᆡ殷이師를喪티아니ᄒᆞ야신제능히上帝ᄭᅴ配ᄒᆞ엿더니맛당히殷에볼디
어다큰命이쉽디아니타ᄒᆞ니衆을어드면나라ᄒᆞᆯ얻고衆을일ᄒᆞ면나라ᄒᆞᆯ일흠을니
르니라

詩、文王篇、師、衆也、配、對也、配上帝、言其爲天下君而對乎上帝也、監、視也、峻
大也、不易、言難保也、道、言也、引詩而言此、以結上文兩節之意、有天下者、能存此
心而不失則所以絜矩而與民同欲者、自不能已矣、

雙峯饒氏曰未喪師則克配上帝是得衆則
得國能絜矩而爲民父母者也喪師則不能
配上帝是失衆則失國不能絜矩而辟則爲天下僇者也〇玉溪盧氏曰殷之喪師紂之失人心也其未喪師先王
之得人心也得人心所以配上帝失人心所以不能天命之去留判於人心之向背人心之向背又在君之能 矩
與否而已得衆得國應南山有臺之意失衆失國應節南山之意存此而不失明德之體所以立絜矩而與民同欲
明德之用所以行〇雲峯胡氏曰右第三節就好惡言絜矩蓋好惡二字已見誠意修身二章特誠意章是好惡其
在己者修身章推之以好惡 其在人者此章又推之以好惡天下之人者也誠意章主愼獨其爲好惡也一誠無僞
此章主絜矩其爲好惡也一 公無私修身章是言不能愼獨則好惡之辟不足以齊其家此章是言不能 絜矩則好

惡之辟不足以平天下所謂血脈貫通者又於此見之不可不詳味也愼獨是敬以直內絜矩是義以方外〔備旨〕大好惡同民如彼好惡辟如此得失之幾何遠也大雅文王之詩有云殷之未失衆心之時能對上帝而爲君及紂殷師已喪而失天命故後人宜監於殷而知峻命之不易保詩戒成王如此蓋言殷先王有道而得衆則克配上帝而得國所謂好惡能愼而爲民父母者此也及殷後王無道而失衆則峻命難保而失國所謂好惡不愼而爲天下僇者此也絜矩之得失豈細故哉

是故로君子는先愼乎德이니有德이면此有人이오有人이면此有土ㅣ오有土면此有財오有財면此有用이니라

이런故로君子는몬져德을삼가ᄂᆞ니德이이시면이예ᄉᆞᄅᆞᆷ이잇고ᄉᆞᄅᆞᆷ이이시면이예ᄯᅡ히잇고ᄯᅡ히이시면이예財ㅣ잇고財ㅣ이시면이예用이잇ᄂᆞ니라

先謹乎德、承上文不可不謹而言、德、卽所謂明德、有人、謂得衆、有土、謂得國、應上文得衆則得國 有國則不患無財用矣、朱子曰爲國絜矩之大者又在於財用所以後面只管說財〇自家若意誠心正身修家齊了則天下之人安得不歸於我如湯武之東征西怨卽自然有人有土○雙峯饒氏曰格致誠正修所以謹此德也此有人等此字此猶斯也○玉溪盧氏曰德卽明德謹德卽謂明明德先謹乎德以平天下之大本而言也有德則能絜矩所以得衆而得國○新安陳氏曰揭明德訓此德字見明明德爲大學一書之綱領此章言財用始於此財用之有本於愼德而有之非私有也○東陽許氏曰言爲人上者明德爲本而財用爲末財固是國家所必用而不可無者但當修德爲本絜矩而取於民有制〔備旨〕觀國之得失由於衆之得失則絜矩誠要矣而絜矩莫先於愼德是故君子先愼乎德而謹乎好惡之源愼德則有德而天下歸心斯有人矣有人則莫非王土斯有土矣有土則任土作貢斯有財矣有財則經費有賴斯有用矣夫以愼德爲先而聽財用之自致此貨財能絜矩之得也

德者는本也오財者는末也니

德은本이오財는末이니

本上文而言 新安陳氏曰有德而後有人有土有土而後方有財可見德爲本而財爲末矣【備旨】夫愼德自然有財用可見德者平天下之本也財用必由於愼德可見財者平天下之末也夫曰本則當內曰末則當外明矣

外本內末이면爭民施奪이라니

本을外고末을內면民을爭케야奪을施홈이니라

人君以德爲外、以財爲內則是、爭鬪其民而施之以劫奪之敎也、蓋財者、人之所同欲、不能絜矩而欲專之則民亦起而爭奪矣、朱子曰民本不是要爭奪惟上之人以德爲外而暴征橫斂民便效尤相攘相奪是上敎得他如此〇三山陳氏曰財人所同欲上欲專之則不均平便是不能絜矩【備旨】苟人君外其德之本而不加愼內其財之末而欲奪之是以爭鬪之風導其民而施之以劫奪之敎也民既爭奪尙得有其民乎

是故로財聚則民散고財散則民聚라니

이런故로財ㅣ모드면民이흐러디고財ㅣ흐트면民이못ᄂᆞ니라

外本內末故、財聚、爭民施奪故、民散、反是則有德而有人矣、括蒼葉氏曰爲國者豈可惟知聚財而不思所以散財此有天下者之大患也〇東陽許氏曰財聚民散言不能絜矩取於民無制之害財散民聚言能絜矩取於民有制之利散財不是要上之人把財與人只是取其當得者而不過盡土地所生只有許多數目上取之多則在下少【備旨】

是故外本內末而財聚於上則民必相爭奪而離散於下矣豈若愼德而財散於下則民皆歸於德而常聚耶

是故로言悖而出者는亦悖而入ᄒᆞ고貨悖而入者는亦悖而出이니라

이런故로말이悖ᄒᆞ야난者ᄂᆞᆫ또ᄒᆞᆫ悖ᄒᆞ야들고貨ㅣ悖ᄒᆞ야든者ᄂᆞᆫ또ᄒᆞᆫ悖ᄒᆞ야나ᄂᆞ니라

悖、逆也、此以言之出入、明貨之出入也、自先謹乎德以下、至此、又因財貨、以明能絜矩、與不能者之得失也、問絜矩如何只管說財利朱子曰畢竟人爲這箇數多所以生養人只是這箇所以殘害人亦只是這箇○此章大槪是專從絜矩上來蓋財者人之所同好也而我欲專其利則民有不得其所好者矣大抵有國有家所以生起禍亂皆是從這裏來○三山陳氏曰以惡聲加人人必以惡聲加己以非道取人之財人必以非道奪之言與貨其出入雖不同而皆歸諸理其爲不可悖一也○吳氏曰愼德而有人有土與財散民聚能絜矩者之得也內末而爭民施奪與財聚民散悖入悖出不能絜矩者之失也○東陽許氏曰此以言之出入比貨出入不能絜矩取於民無制之害[illegible]夫財聚[illegible]民散矣然民散而財亦豈終聚乎是故人君言以悖理而出者則民亦以悖理應之而入況貨財乎貨財以悖理而入者則民亦以悖理奪之而出矣此貨財不能絜矩之失也

康誥에曰惟命은不于常이라ᄒᆞ니道善則得之ᄒᆞ고不善則失之矣니라

康誥애ᄀᆞᆯ오ᄃᆡ오직命은덧덧ᄒᆞᆫ티아니난다ᄒᆞ니道善ᄒᆞ면엇고善티아니ᄒᆞ면일흠을니ᄅᆞ니라

道、言也、因上文引文王詩之意而申言之、其丁寧反覆之意、益深切矣、雙峰饒氏曰此得失字串

前得失字以德爲本則善善則得衆得國矣以財爲本則不善不善則失衆失國矣○玉溪盧氏曰有德則能絜矩是之謂善所以得人心在此所以得天命亦在此無德則不能絜矩是謂不善所以失人心在此所以失天命亦在此人心歸則天命歸人心去則天命去是天命之不常乃所以爲有常也此引康誥之書以結前五節之意與前引文王詩相應命不于常卽峻命不易之理善則得不善則失卽得國失國之意此所謂善卽止至善之善○雲峯胡氏曰右第四節說財用言絜矩若好惡不能絜矩任己自私不可以平天下財用不能絜矩瘠民自肥亦不可以平天下欲平天下者不可不深自警省也[按]夫愼德者如彼內末者如此得失之幾何遠也康誥曰惟天之命不于汝乎爲常武王告康叔之言如此蓋言爲君者所行誠善則天命歸而得之苟一不善卽天命去而失之矣然則愼德而能絜矩者善也有人有土則天命之得可知內末而不能絜矩者不善也民散悖出則天命之失可知信乎其不常也所謂峻命不易者不益信哉

楚書에曰楚國은無以爲寶ㅣ오惟善을以爲寶ㅣ라ᄒᆞ니라

楚書애ᄀᆞᆯ오ᄃᆡ楚ㅅ나라ᄒᆞᆫ써寶삼을새시업고오직어디니를써寶삼는다ᄒᆞ니라

楚書、楚語、 三山陳氏曰楚史官所記之策書也○古括鄭氏曰楚書楚昭王時書也 言不寶金玉而寶善人也、 國語楚語王孫圉聘於晉定公饗之趙簡子鳴玉以相問曰楚之白珩猶在乎其爲寶也幾何矣曰楚之所寶者曰觀射父能作訓辭以行事於諸侯使無以寡君爲口實又有左史倚相能通訓典以叙日物以朝夕獻善敗于寡君使無忘先王之業若諸侯之好幣貝而導之以訓辭寡君其可以免罪於諸侯而國民保焉此楚國之寶也若夫白珩先王之玩也何寶之焉(王孫圉楚大夫趙簡子名鞅鳴玉以相鳴佩玉以相禮也珩佩玉之横者) [按]夫不外本內末觀之楚書可見矣昔王孫本對簡子曰楚國以無以白珩爲寶以觀射父及左史倚相之善人爲寶夫金玉末也善人本也楚書其不外本而內末矣乎

舅犯이曰亡人은無以爲寶ㅣ오仁親을以爲寶ㅣ라ᄒᆞ니라

舅ㅣ언犯이ᄀᆞᆯ오ᄃᆡ亡ᄒᆞᆫ사ᄅᆞᆷ은써寶삼올새시업고親을仁홈을寶를삼으라ᄒᆞ니라

舅犯、晋文公舅狐偃、字、子犯、亡人、文公、時爲公子、(名重耳)出亡在外也、仁、愛也、事見(形甸反)檀弓

禮記檀弓篇晋獻公之喪秦穆公使人弔公子重耳且曰寡人聞之亡國恒於斯得國恒於斯雖吾子儼然在憂服之中喪亦不可久也時亦不可失也孺子其圖之以告舅犯舅犯曰孺子其辭焉喪人無寶仁親以爲寶父死之謂何又因以爲利而天下其孰能說之孺子其辭焉(重平聲喪亦喪人之喪並去聲喪即出亡也父死而欲反國求爲後是因以爲利也說如字猶解也)○古括鄭氏曰文公時避驪姬之讒亡在翟而獻公薨秦穆公使子顯弔之勸之復國舅犯爲之對此辭也○四明李氏曰楚爲春秋所惡舅犯特覇主之佐耳大學參稽格言以垂訓萬世乃於此乎取何歟蓋天下之善無窮君子之取善亦無窮猶書記帝王而繼之以秦誓故下文及之

此兩節、又明不外本而內末之意、

雙峰饒氏曰寶者指財而言此就財上說來却接用人說去蓋天下惟理財用人二事最大○玉溪盧氏曰不以金玉爲寶而以善人爲寶不以得國爲寶而以愛親之道爲寶是能內本而外末者也○雲峰胡氏曰右第五節當連上文善與不善看在我者惟善則得之在人者亦當惟善是寶兩寶字結上文財用惟善仁親又起下文之意蓋第三節言好惡第四節言財用此則兼財用好惡言也 [備旨] 不外本而內末不惟楚書爲然也昔舅犯敎晋文公對秦使曰亡人無以得國爲寶惟以親喪自盡而仁愛乎親以爲寶夫得國末也仁親本也舅犯其不外本而內末矣乎

秦誓에曰若有一介臣이斷斷兮오無他技나其心이休休焉혼디其如有容焉이라人之有技를若己有之ᄒᆞ며人之彥聖을其心好之ㅣ不啻若自其口出이면寔能容之라以能保我子孫黎民이니尙亦有利哉인뎌人之有技를媢疾以惡之ᄒᆞ며人之彥聖을而違

之야ᄒᆞ **俾不通**이면 **寔不能容**이라 **以不能保我子孫黎民**이니 **亦曰殆哉**ㄴ뎌

个古賀反書作介 斷丁亂反媢音冒

秦誓애ᄀᆞᆯ오ᄃᆡ 만일에ᄒᆞᆫ낫臣이斷斷ᄒᆞ고다란지죄업스나그ᄆᆞᄋᆞᆷ이休休ᄒᆞᆫ디그용납ᄒᆞᆷ이인ᄂᆞᆫ듯ᄒᆞᆫ디라ᄉᆞᄅᆞᆷ의지조둠을몸이둠ᄀᆞ티ᄒᆞ며ᄉᆞᄅᆞᆷ의彥聖을그마ᄋᆞᆷ의됴히너기미입으로브터남ᄀᆞᆺ탈ᄲᅮᆫ이안이면진실로能히용납ᄒᆞᄂᆞᆫ디라ᄡᅥ能히우리子孫과黎民을保ᄒᆞ리니거의ᄯᅩᄒᆞᆫ利이시린뎌ᄉᆞᄅᆞᆷ의지조둠을媢疾ᄒᆞ야ᄡᅥ아쳐ᄒᆞ며ᄉᆞᄅᆞᆷ의彥聖을違ᄒᆞ야ᄒᆞ여곰通티못게ᄒᆞ면진실로能히용납디못ᄒᆞᄂᆞᆫ디라ᄡᅥ能히우리子孫과黎民을保티못ᄒᆞ리니ᄯᅩᄒᆞᆫᄀᆞᆯ온위ᄐᆡᄒᆞ린뎌

秦誓、周書、斷斷、誠一之貌、彥、美士也、聖、通明也、三山陳氏曰聖字專言之則爲衆善之極對衆善而言則止於通明之一端○新安陳氏曰孟子云大而化之之謂聖此專言之者也周禮六德知仁聖義中和此將衆善而言之者也 尙、庶幾平聲也、媢、忌也、違、拂戾也、殆、危也、

問絜矩以好惡財用媢疾彥聖爲言何也朱子曰如桑弘羊聚斂以奉武帝之好若是絜矩底人必思許多財物必是侵過著民底滿得我好民必惡言 財用者蓋如自家在一鄉之間却專其利便是侵過著他底便是不絜矩言媢疾彥聖者蓋有善人則台當擧之使之得其所今則不擧他使失其所是侵善人之分便是不絜矩此下特書其好惡財用之類當絜矩事事亦當絜矩○玉溪盧氏曰一个挺然獨立而無朋黨之謂斷斷無他技德有餘而才不足也休休二字其義深長有淡然無欲之意又有粹然至善之意曰如有容其量之大不可得而測亦不可得而名言也有技若己有之能容天下有才之人則天下之才皆其才也若己有之不特不媢疾而已彥聖心好不啻若自其口出能容天下有德之人則天下之德皆其德也不啻若自其口出好善有誠而口不足以盡其心也能以天下之才德爲己之才德信乎其能容矣前言如有容此言寔能容二句相應人君用此人其有益於人國可知有技疾

惡之彥聖俾不通不能以天下之才德爲才德人君而用此人國家豈不危殆能容者用之其利如此不能容者用之其害又如此人主在擇一相者此也此又絜矩之先務也○蛟峯方氏曰其如有容其疑辭也有若辭似他有容者言無可比他有容之大○新安陳氏曰有容者能絜矩而人所同好者也媢疾者不能絜矩而人所同惡者也人君能好有容者而用之惡媢疾者而舍之是又絜矩之大者○東陽許氏曰此專言爲政者好惡之公私尙亦有利哉以一上截言能絜矩而以公心好人以下一截言不能絜矩而以私心惡人[illegible]絜矩道豈獨財利爲然哉至於用人尤有不可苟者周書秦誓曰我若有一個臣自其外貌觀之則斷斷兮誠一者無他技能者其心則休休焉淡然無欲亦粹然至善其量之大如有容焉見人之有才技則若己有之必欲盡其長見人彥聖之德則其心誠好之不但如其口之所言是實能容此有技彥聖之人矣有臣若此必能汲引善類保我之子孫長享富貴與我之黎民常享太平尙亦有利於人國哉若不良之臣全無斷斷之誠休休之量見人之有技也則媢疾以惡之見人之彥聖也則拂戾以抑之使不得通是實不能容天下之才德矣將見傷殘善類進用匪人必不能保我子孫與黎民國豈不危殆哉秦誓之言如此此人主在擇一相也

唯仁人이아**放流之**ᄒᆞ야 **迸諸四夷**ᄒᆞ야 **不與同中國**ᄒᆞᄂᆞ니 **此謂唯仁人**이아**爲能愛人**ᄒᆞ며 **能惡人**이니라 迸讀爲屛古字通用屛必正反除也

오직仁ᄒᆞᆫ사ᄅᆞᆷ이아放流ᄒᆞ야四夷예迸ᄒᆞ야더브러中國에同티아니ᄒᆞᄂᆞ니닐온오직仁ᄒᆞᆫ사ᄅᆞᆷ이아能히사ᄅᆞᆷ을사랑ᄒᆞ며能히사ᄅᆞᆷ을아쳐홈이니라

迸猶逐也、言有此媢疾之人、妨賢而病國則仁人、必深惡而痛絕之、以其至公無私故、能得好惡之正、如此也、北溪陳氏曰此能公其好惡而能絜矩者也○雙峯饒氏曰惡人之所同惡好人之所同好即舜之去四凶舉十六相是也○玉溪盧氏曰此承上節下一截而言媢疾之人待之宜如此謂之能惡人可也而謂之能愛人何也蓋小人不去則君子不進去小人不能絕之則進君子而不能安之去小人固所以進君子絕小人乃所以安君子吾之威在媢疾之人吾之恩在天下後世矣惟吾心純乎天理之公故吾之好惡與天下爲公此仁人所以能愛惡人也○新安陳氏曰此引家語孔子之言故以此謂冠之乃引援古語之例○東陽許氏曰言能絜矩而惡惡得其正所謂放流即媢疾蔽賢之人朝廷之上惡人既去則善人方得通又以仁人總結之言能絜矩者也【備旨】夫容賢利國所當好也妨賢病國所當惡也仁唯人深惡此媢疾之人有害於善人使民不得被其澤而禍及於後世於是放流之且迸逐之於四夷不與同中國惟恐所放或近其地復爲害焉此其威在媢疾之人即恩在天下後世矣此所謂唯仁人爲能愛人能惡人是亦能絜矩者也

見賢而不能擧ᄒᆞ며 擧而不能先이 命也ㅣ오 見不善而不能退ᄒᆞ며 退而不能遠이 過也ㅣ니라 遠去聲

어딘니를보고能히擧티못ᄒᆞ며擧호ᄃᆡ能히몬저못홈이慢홈이오어디디안인이를보고能히退티못ᄒᆞ며退호ᄃᆡ能히멀리못홈이過ㅣ니라

命、鄭氏云當作慢、程子云當作怠、未詳孰是 命慢聲相近近是 若此者、知所愛惡矣而未能盡愛惡之道、蓋君子而未仁者也、朱子曰先是早底意是不能速用之○雙峯饒氏曰見賢而不能擧見不善而不能退如漢元帝知蕭望之之賢而不能用知弘恭石顯之姦而不能去是也○新安陳氏曰擧不先未盡愛之道退不遠未盡惡之道上文能愛惡仁人也此不能盡愛惡之道所以爲君子而未仁者也【備旨】若夫未仁而不能好惡之君亦見賢人之可好而不能擧或擧之而不能早用是以輕忽之心待賢也命也亦見不善之可惡而不能退或退之而不能遠逐是以優柔之量待不賢也過也若此者皆好惡出於公私之間而未能盡絜矩者也

好人之所惡ᄒᆞ며 惡人之所好ㅣ 是謂拂人之性이라 菑必逮夫身이니라 菑古災字 夫音扶

사ᄅᆞᆷ의아쳐ᄒᆞ는바를됴히너기며사ᄅᆞᆷ의됴히너기는바를아쳐홈이이닐온사ᄅᆞᆷ의性을拂홈이라菑ㅣ반다시몸애밋ᄂᆞ니라

拂、逆也、好善而惡惡、人之性也、至於拂人之性則不仁之甚者也、自秦誓、至此又皆以申言好惡公私之極、以明上文所引南山有臺節南山之意、朱子曰斷斷者是能絜矩娼疾者是不能絜矩仁人放流之是大能絜矩好人所惡惡人所好是大不能絜矩○括蒼葉氏曰上一節雖未盡好惡之極猶能知所好惡尙不至於拂人好惡之常性今有人焉於人之所當好所同好者反從而惡之於人之所當惡所同惡者反從而好之如此等人不仁之甚○雙峯饒氏曰好惡與人異菑必逮夫身桀紂是也○玉溪盧氏曰人性本有善而無惡故人皆好善而惡惡仁人之能好惡不過順人之性耳苟好惡惡善而拂人之性則失其本心甚矣非不仁之甚而何菑必逮身爲天下僇是也自古有天下者未嘗不以用君子而興用小人而亡能愛惡人則君子進小人退而天下蒙其利此能絜矩者之所爲也好人所惡惡人所好則君子退小人進而天下受其禍此不能絜矩者之所爲也自秦誓至此凡四節秦誓一節見君子小人之分次節言用舍之能盡其道者又次節言用舍之不盡其道者此節則言用舍之全失其道者皆因絜矩之義而申明好惡公私之極以申明平天下之要道也○雲峰胡氏曰右第六節執用人言好惡大學於此提出仁之一字而章句又以君子之未仁小人之不仁者言之蓋絜矩是恕之事恕所以行仁故特以結之【備旨】夫不先不遠猶知所好惡也至若妨賢之人爲人所當惡所同惡者反從而好之容賢之人爲人所當好所同好者反從而惡之是謂拂逆人好善惡惡之常性則人心離天命去菑患有不逮夫身乎此不能絜矩者之所爲也

是故로 君子ㅣ有大道ᄒᆞ니 必忠信以得之ᄒᆞ고 驕泰以失之니라

이런故로君子ㅣ큰道ㅣ이시니반다시忠과信으로써엇고驕와泰로써일ᄂᆞ니라

君子、以位言之、此謂治國平天下之君子道、謂居其位而脩己治人之術、道卽大學之道修己明明德之事治人新民之事也發

己自盡이爲忠、循物無違ㅣ謂信、朱子曰發於己心而自盡則爲忠循於物理而不違背則爲信忠是信之本信是忠之發伊川見明道此語尙晦故更云盡己之謂忠以實之謂信便更穩當 驕者、矜高、泰者、侈肆、此、因上所引文王康誥之意而言、章內三言得失而語益加切、蓋至此而天理存亡之幾、去聲決矣、朱子曰初言得衆失衆再言善則得不善則失已切矣終之以忠信驕泰分明是就心上說出得失之由以決之忠信乃天理之所以存驕泰乃天理之所以亡○北溪陳氏曰忠信者絜矩之本能絜矩者也驕泰者任己自恣不能絜矩者也○雙峰饒氏曰此得失字又卽前兩段得失字而言由上文觀之固知得衆得國而又知善則得之矣然所以得此善者亦曰忠信則得善之道驕泰則失善之道矣忠信卽是誠意驕泰乃忠信之反也以此觀之可見誠意不特爲正心修身之要而又爲治國平天下之要○雲峯胡氏曰右第七節不分言好惡與財用之絜矩但言君子有大道此道字卽章首絜矩之道也忠信以得之者在己有矩之心而發己自盡則爲忠在物有矩之理而循物無違則爲信驕泰以失之者驕者矜高不肯下同民之好惡非絜矩之道也泰者侈肆必至於橫斂乎民之財用非絜矩之道也前兩言得失人心天命存亡之幾也此言得失吾心天理存亡之幾也章句此一幾字當與誠意章幾字參看【備旨】觀於仁人如彼不仁之人如此得失之幾何遠也是故君子有修己治人之大道以平天下也非自外至而强爲之本乎一心而已必忠焉信焉能知千萬人卽一己之心以一己爲千萬人之心由是好惡則與民同欲而大道以之得矣否則驕焉泰焉一心之中莫非私意之充塞一膜之外便有人己之異觀由是好惡則不能與民同欲大道以之失矣然則平天下者可不格致誠正勉於忠信以求盡其所以絜矩者哉

生財ㅣ有大道ᄒᆞ니生之者ㅣ衆ᄒᆞ고食之者ㅣ寡ᄒᆞ며爲之者ㅣ疾ᄒᆞ고用之者ㅣ舒ᄒᆞ면則財恒足矣리라恒胡登反

財를生홈이 큰道ㅣ 이시니 生ᄒᆞᆯ者ㅣ 衆ᄒᆞ고 食ᄒᆞᆯ者ㅣ 寡ᄒᆞ며 爲ᄒᆞᆯ者ㅣ 疾ᄒᆞ며 用

ᄒᆞᆯ者ㅣ舒ᄒᆞ면財곳ㅣ덧덧이足ᄒᆞ리라

呂氏曰[呂氏名大臨字與叔藍田人] 國無遊民則生者、衆矣、朝[音潮] 無幸位則食者、寡矣、不奪農時則爲之疾矣、量入爲出則用之舒矣、愚、按此因有土有財而言、以明足國之道在乎務本而節用、[新安陳氏曰務本謂生者衆爲者疾所以開財之源也節用謂食者寡用者舒所以節財之流也疾謂速舒謂緩] 非必外本內末而後、財可聚也、自此、以至終篇、皆一意也、[陳氏曰此古人生財之政也蓋與後世異矣○雙峯饒氏曰財者末也財雖是末亦是重事若要生財亦自有箇大道理生衆至用舒此四者不可缺一乃生財之正路外此皆邪徑也○玉溪盧氏曰國無遊民而不奪農時民之財所以足朝無幸位而量入爲出國之財所以足○仁山金氏曰天地間自有無窮之利有國家者亦本有無窮之財但勤者得之怠者失之儉者裕之奢者耗之故傳之四語萬世理財之大法也【備旨】夫德爲本財爲末而財亦國家所急需者不可一日無也蓋自有正大之道可以生財焉不必以私意小智巧爲聚斂之術也財以生而裕使國無游民則生之者衆矣財以食而匱使朝無幸位則食之者寡矣又必不違農時則爲之者疾也量入爲出則用之者舒也夫如是則其來無窮其去有節自然下常給而上常餘百姓足而君亦足國家之財恒足矣大道之生財如此豈必外本內末而後財可聚乎]

仁者ᄂᆞᆫ以財發身ᄒᆞ고不仁者ᄂᆞᆫ以身發財니라

仁ᄒᆞᆫ者ᄂᆞᆫ財로써몸을發ᄒᆞ고不仁ᄒᆞᆫ者ᄂᆞᆫ몸으로써財ᄅᆞᆯ發ᄒᆞᄂᆞ니라

發、猶起也、仁者、散財以得民、不仁者、亡身以殖[承職反]貨[朱子曰仁者不是特地散財買人歸己只是不私其有人自歸之而身自尊是言散財之效如此不仁者只務聚財不管身危亡也○雙峯饒氏曰財散民聚此以財發身財聚民散此以身發財○新安陳氏曰紂聚鹿臺之財以亡武散之以興卽其證也【備旨】惟仁者之人知生財大道不私其

有人自歸之而身自尊是以財而發身也若彼不仁者不知大道所在專務聚財不顧身之危亡是以身而發財也

未有上好仁而下不好義者也니 未有好義오 其事不終者也ㅣ며 未有府庫財ㅣ 非其財者也ㅣ니라

上이仁을됴히너기고下ㅣ義를됴히너기디아닐者ㅣ잇디아니니義를됴히너기고그일이뭇디못ᄒᆞᆯ者ㅣ잇디아니ᄒᆞ며府庫의財ㅣ그財ㅣ아니니잇디아니ᄒᆞ니라

上好仁、以愛其下則下好義、以忠其上、所以事必有終而府庫之財、無悖出之患也

問如何上仁下便義朱子曰只是一箇道理在上便喚做仁在下便喚做義在父便謂之慈在子便謂之孝○陳氏曰惟上之人不妄取民則而所好在仁則下皆好義以忠其上矣下既好義則爲事無有不成遂者矣天下之人皆能成遂其上之事則府庫之財亦無悖出之患而爲我有矣非若不好仁之人財悖而入亦悖而出也○玉溪盧氏曰此所謂循天理則不求利而自無不利者也○新安陳氏曰此章自仁人放流之後言仁不一與此節皆當參玩

[備旨]夫以身發財身亡則財亦失矣若以財發身身榮而財亦富兩得之道也此上下感應必然之理未有上之人崇本節用不妄取民財而所好在仁而爲下者不輸悃效忠好義以報其上者也下既好義則視君事如己事必爲之竭力圖成未有好義而從王之事不從者也且既好義則視君財如己財必爲之防護保守未有府庫之財仍有悖入悖出之患而不爲我有者也然則上安可不好仁而專利哉

孟獻子ㅣ曰畜馬乘은 不察於鷄豚ᄒᆞ고 伐冰之家는 不畜牛羊ᄒᆞ고 百乘之家는 不畜聚斂之臣ᄒᆞᄂᆞ니 與其有聚斂之臣으론 寧有盜臣이라ᄒᆞ니 此謂國은 不以利爲利오 以義爲利也ㅣ니라

畜許六反乘斂幷去聲

孟獻子ㅣ글오ᄃᆡ馬乘을畜ᄒᆞ는이ᄂᆞᆫ鷄와豚에ᄉᆞᆯ피디아니ᄒᆞ고氷을伐ᄒᆞᄂᆞᆫ집은牛와羊을치디아니ᄒᆞ고百乘ㅅ家ᄂᆞᆫ聚斂ᄒᆞᄂᆞᆫ臣을치디아니ᄒᆞᄂᆞ니그聚斂ᄒᆞᄂᆞᆫ臣둠으로더브러론찰하리盜臣을둘디라ᄒᆞ니이닐온나라ᄒᆞᆫ利로써利를삼디아니ᄒᆞ고義로써利를삼오미니라

孟獻子、魯之賢大夫、仲孫蔑也、畜馬乘、士、初試爲大夫者也、伐氷之家、卿大夫以上、上聲喪祭用氷者也、新安陳氏曰孔氏疏曰按書傳士飾車駢馬詩云四牡々大夫以上乃得乘四馬今下云伐氷之家是卿大夫今別云畜馬乘故知士初試爲大夫者也左昭四年大夫命婦喪浴用氷喪大記云士不用氷故知卿大夫也士若恩賜亦得用之但非其常故士喪禮賜氷則夷槃可也○禮喪大記君設大槃造氷焉大夫設夷槃造氷焉士併瓦槃無氷（遂禮納也禮自仲春之後納氷槃中乃設牀於其上而遷尸焉秋凉而止士不用氷以瓦爲槃併以盛氷耳）○周禮天官凌人掌氷正歲十有二月令斬氷三其凌春始治鑑凡內外饔之膳羞鑑焉凡酒漿之酒醴亦如之祭祀共氷鑑賓客共氷大喪共夷槃（氷凌氷室也鑑如甀大口以盛氷置食物於中以禦溫氣防失味變色也盛氷今大瓦盆鄭氏曰夷之言尸也實氷槃中置於尸牀之下所以寒尸尸之槃曰夷牀移尸曰夷于堂皆依尸而言也）夷槃廣八尺長一丈二尺百乘之家、有采地者也、采音菜采地臣之食邑也君子、寧亡己之財、而不忍傷民之力故、寧有盜臣而不畜聚斂之臣、此謂以下、釋獻子之言也、朱子曰如食祿之家又畜牛羊却是與民爭利便是不絜矩所以遂以義爲利者義以方外也○雙峯饒氏曰此段大意在不畜聚斂之臣見用人與理財相關○玉溪盧氏曰聞不以利爲利以義爲利蓋古語也此謂字可見引之以證獻子之言也獻子嘗師子思能知義利之分故能知絜矩之道○東陽許氏曰言立之人當絜矩不可使下之利雖養雞豚之小利尙不可與民爭而況爲君者專事聚斂以虐民乎○以利爲利快目前之富而爲祿以義爲利儉目前之用而福自遠[illegible]夫不可專利之旨孟獻子亦嘗言之矣曰問大夫之富數馬以對畜馬乘則身爲大夫矣而復察於鷄豚以較小利而失大體鄙而不可爲也大夫以上喪祭用氷謂之伐氷之家家有厚祿矣而乃畜牛羊以謀孳息之利貪孰甚焉不可爲也至於百乘卿家也又非畜馬乘伐氷者比苟一畜聚斂之臣則剝下以奉上靡所不至矣奚可乎若與其有聚斂之臣寧可有盜臣蓋盜臣雖竊主之財以自私而不至殘民剝下其爲害猶輕也獻子之言如此豈猶爲有家者訓哉此謂有國者不當專其利於己以利爲利只當公其利於民以義爲利也

長國家而務財用者ᄂᆞᆫ 必自小人矣니 彼爲善之小人之使爲國家ㅣ면 菑害並至라 雖有善者ㅣ나 亦無如之何矣니 此謂國은 不以利爲利오 以義爲利也ㅣ니라

國家에長ᄒᆞ야財用을힘ᄡᅳᄂᆞᆫ이ᄂᆞᆫ반다시小人으로브테니小人으로ᄒᆞ여곰國家를ᄒᆞ게ᄒᆞ면菑와害ㅣᄀᆞᆯ와니를디라비록어딘者ㅣ이시나ᄯᅩᄒᆞᆫ엇지려뇨홈이업ᄉᆞ리니이닐온나라ᄒᆞᆫ利로ᄡᅥ利를삼디아니ᄒᆞ고義로ᄡᅥ利를삼오미니라

彼爲善之、此句上下、疑有闕文誤字、○自、由也、言由小人導之也、此一節、深明以利爲利之害、而重(直容反)言以結之、其丁寧之意、切矣、

玉溪盧氏曰長家不國務絜矩而務財用小人導之也務絜矩者義也務財用者利也君子喩義人主用君子則能絜矩矣小人喩利人主用小人則不能絜矩矣此天下治亂之一分也又曰財者天所生而民所欲事聚斂則失人心而干天怒故菑害並至菑由天降害自人作災己並至此時雖用君子亦晩矣無救於禍矣所謂徇人欲則求利未得而害己隨之者此也國不以利爲利以義爲利上所引就理上說固足明絜矩之當務下所就利害上說才足明絜矩之不容不務言愈丁寧遏人欲而存天理之義愈深切矣自生

財有大道以後凡四節前兩節自君身言後兩節自君之用人言進君子退小人乃與民同好惡之大者是又所以爲絜矩之要道也故此章言絜矩之道必以進君子退小人終焉旣致嚴於君子小人之辨復致嚴於義利理欲之辨者乃大學反本窮源之意即本心存亡之幾決天下亂治之幾正以明德新民皆當止於至善故也〇勿軒熊氏曰指用人而言又結以務財用必自小人始而深致嚴於義利之辨用君子則自有義中之利用小人則利未得而害己隨之此章前以理財用人分爲二節後乃合而言之其實能用人則能理財不過一道而已〇雲峯胡氏曰右第八節生財大道亦即絜矩之道能便天下之人皆務本而上之人自不節用非絜矩矣第六節言仁人此節言仁者皆因未矩而言也絜矩爲恕之事恕爲仁之方好惡不能恕安能如仁人能愛人能惡人財用不能恕安能如仁者以財發身末又擧獻子之言者用人亦當取其絜矩也於好惡不能絜矩者媢疾之人也於財用不能絜矩者聚斂之臣也皆小人不仁之甚者也故曰菑必逮身曰菑害並至皆指其不能絜矩之禍言之爲戒深矣義利之辨大學之書以此終孟子之書以此始導學之傳有自來矣〇東陽許氏曰言有天下者當用善人若用惡人至於天災見於上人害生於下國勢將崩此時雖有聖賢欲來扶持亦不可爲再三戒用人之詳也〇災如日食星變水旱蝗疫皆是害如民心怨叛寇賊姦宄兵戈變亂皆是

右ᄂᆞᆫ傳之十章이니釋治國平天下ᄒᆞ니라

此章之義、務在與民同好惡而不專其利、皆推廣絜矩之意也、能如是則親賢樂利、各得其所而天下、平矣、朱子曰絜矩章專言財用繼言用人蓋人主不能絜矩者皆由利心之起故徇己欲而不知有人此所以專言財用也人才用舍最係人心向背若能以公滅私好惡從衆則用舍當於人心矣此所以繼言用人也〇陳氏曰此章之義甚博大意則在於絜矩其所以說絜矩之道在於分義利別好惡、所惡者利所好者義須是能公好惡別義利如此則天下均平而無一夫不遂其所矣〇此章反覆援引出入經傳者幾千言意若不一然求其緒卒不過好惡義利之兩端又從而要其歸則亦不出於絜矩之道而已絜矩之道以己知彼以彼反己而好惡義利之理明矣〇雙峯饒氏曰大學一書多說好惡誠意章說如好好色如惡惡臭齊家章說好知其惡惡知其美所令反其所好平天下章說民之所好好之所惡惡之與好人所惡惡人所好畢竟天下道理不過善惡兩端初言格物致知時便要分別此二件分明自誠意章以後只是好其所當好惡其所當惡而已又曰此章大要不過理財用人二事自先愼乎德以下是說理財自秦誓以下是說用人自生財有大道以下又說理財二事反覆言之然所用者君子則君子之心公必能均其利於人所用者小人則小之人之心私必至專其利於己所以末後又說長國家而務財用必自小人矣如此則理財用人又只是一事〇玉溪盧氏曰絜矩所以明明德於天下親賢樂利各得其所而天下平則明德明於天下而無不止於至善矣〇東陽許氏曰此章大意治天下在平惡矩而絜矩於用人聚財處爲要然得失之幾全在忠信驕泰上發於心者忠接於物者信則事皆務實好善惡々皆得其正而能盡絜矩之道存於心者矜驕行之以侈肆必不能絜矩則遠正人而讒諂聚斂之人進矣故忠信驕泰治亂之源也

凡傳十章、前四章、統論綱領旨趣、音要 後六章、細論條目工夫、其第五章、乃明善之要、格物致知爲明善之要法 第六章、乃誠身之本、誠正修皆所以誠身而誠意爲之本始 在初學、尤爲當務之急、讀者、不可以其近而忽之也、

節齋蔡氏曰明善之要誠身之本朱子於篇末尤懇切爲學者言之何耶蓋道之浩々何處下手學者用工夫之至要者不過明善誠身而已明善即致知也誠身即力行也始而致知所以明萬理於心而使之無所疑終而力行所以得萬善於己而使之無不備知不以則眞是眞非莫辨而後何所從適行不力則雖精義入神亦徒爲空言此大學第五章之明善第六章之誠身所以爲學者用功之至切至要〇玉溪盧氏曰十章之傳綱目相維讀者須即綱領而考其條目即條目而貫諸綱領使一書之義了然於胸中庶幾有受用處第五章明善之要是明明德之端第六章誠身之本是明明德之實明善誠身之旨大學中庸所以相表裏者在此曾子子思所以授受者亦在此故朱子揭此以示學者急先之當務云〇雲峯胡氏曰明善誠身中庸言之孟子又言之其說元自大學致知誠意來章句之末擧此二者以見曾思孟三子之相授受焉【備旨】夫以利爲利果眞利乎哉大凡人君長國家而務財用者未必皆君之過必自小人導之矣彼人君不察而反以爲善之付以國家重任不知財者天所生民所欲若小人之使爲國家專事聚斂則下失人心而上干天怒勢必至天菑人害一時並至此時雖用君子亦已晩矣無救於禍矣善者亦將如之何哉求利未得而害已隨之如此此正謂長國家者不可以小人聚斂之利爲利而必以義之所安爲利也夫不專其利而

與民同好惡則絜矩之道得而孝弟慈之分
願各遂矣此所謂平天下者在治其國也

原本備旨大學章句大全終

原本備旨 大學集註(全)

初版 發行－1973년 5월 25일
重版 發行－2017년 3월 20일

校 閱－金 赫 濟

발행인－金 東 求

발행처－명 문 당(창립 1923년 10월 1일)
서울시 종로구 윤보선길 61(안국동)
우체국 010579-01-000682
전 화 (02) 733-3039, 734-4798
FAX (02) 734-9209
Homepage www.myungmundang.net
E-mail mmdbook1@hanmail.net
등록 1977.11.19. 제1-148호

■

* 낙장 및 파본은 교환해 드립니다.

* 정가 7,000원
ISBN 978-89-7270-845-3 93140